Praxis der positiven Psychologie

Klaus W. Vopel

Praxis der positiven Psychologie

Übungen Experimente Rituale

iskopress

Klaus W. Vopel: Praxis der positiven Psychologie
ISBN 978-3-89403-079-7
2. Auflage 2009

Umschlaggestaltung:
Mathias Hütter, Schwäbisch Gmünd
Druck und Bindung:
Aalexx Buchproduktion, Großburgwedel

Bibliografische Information der Deutschen Bibliothek
Die Deutsche Bibliothek verzeichnet diese Publikation in
der Deutschen Nationalbibliografie;
detaillierte bibliografische Daten sind im Internet
über http://dnb.ddb.de abrufbar.

Inhalt

Vorwort

Die «Neue Positive Psychologie» ist eine wissenschaftliche Disziplin, die seit 1998 unter diesem Namen an vielen amerikanischen Universitäten und in freien Forschungsgruppen etabliert ist. Sie umfasst drei Elemente: die Erforschung positiver Gefühle, die Erforschung posititiver Persönlichkeitsaspekte und die Erforschung menschenfreundlicher Institutionen (Familie, Kindergarten, Schule, Gemeinde etc.). Die Vertreter der «Neuen Positiven Psychologie» gingen zunächst davon aus, dass sich die neue Wissenschaft vor allem in einer Zeit des Friedens und der wirtschaftlichen Prosperität gut entwickeln würde und dass schwierige Zeiten die weitere Ausbreitung und die Ausstattung mit Fördermitteln beeinträchtigen würden. Dann kam der 11. September 2001 mit den Angriffen auf das World Trade Center, und die «Positive Psychologie» ist aus dieser Krise sogar gestärkt hervorgegangen. Die Bedeutung positiver Gefühle ist noch gestiegen. Zuversicht, Optimismus und Hoffnung werden noch mehr gebraucht, wenn das Leben schwierig wird. In Krisenzeiten bekommen Stärken wie Fairness, Integrität, Besonnenheit und Mut eine herausragende Bedeutung.

Weil die neue Wissenschaft sich vor allem auf das Positive konzentriert, eignet sie sich besonders für Menschen, die in Schwierigkeiten stecken. Menschen, die mit dem ökonomischen Überleben kämpfen, die an Depression leiden oder die selbstmordgefährdet sind, wollen mehr als das Ende ihres Leidens; sie wünschen sich Kraft und Stärke; sie brauchen Integrität und sinnvolle Lebensziele; sie sehnen sich nach Glück; und die Verbesserung ihrer Lage hängt sehr von ihren sozialen Skills und ihrer Charakterstärke ab.

Zunehmend ist den Wissenschaftlern und Therapeuten bewusst geworden, dass Charakterstärke bei der Entwicklung seelischer Widerstandskraft eine Schlüsselfunktion hat. Eine gute Therapie hat immer schon nicht nur Schäden geheilt, sie hat ihren Klienten geholfen, persönliche Stärken zu entwickeln.

Umfangreiche Studien haben gezeigt, dass keine psychotherapeutische Technik anderen Formen der Psychotherapie eindeutig überlegen ist, auch wenn die meisten Klienten davon überzeugt sind, dass ihre spezielle Psychotherapie ihnen geholfen hat. Die Ergebnisse dieser Untersuchungen werfen drei wichtige Fragen auf:

- Warum ist Psychotherapie wirksam?
- Warum gibt es keine herausragenden spezifischen therapeutischen Methoden?
- Warum gibt es einen so großen Placeboeffekt?

Die Therapeuten unter den «Positiven Psychologen» sind davon überzeugt, dass die nichtspezifischen, d. h. die nicht mit einer bestimmten therapeutischen Methode verknüpften Techniken, für den Erfolg einer Therapie grundlegend sind. Sie unterscheiden zwei Klassen von nichtspezifischen therapeutischen Techniken: die taktischen Techniken und die sogenannten Tiefenstrategien. Zu den taktischen Techniken gehören: die Aufmerksamkeit des Therapeuten, seine Autoritätsrolle, die Entwicklung einer therapeutischen Beziehung, außerdem die klassischen therapeutischen Kunstgriffe (wie z. B. Einwände akzeptieren, die Sprache entpathologisieren) sowie die Fähigkeit, dem Klienten Vertrauen einzuflößen, damit er sich öffnen und über seine Probleme sprechen kann usw.

Die Tiefenstrategien sind allen Therapeuten bekannt, werden aber selten beim Namen genannt und sind bis heute ungenügend erforscht. Sie fehlen auch in den meisten Ausbildungscurricula. Diese Tiefenstrategien decken sich mit den Techniken, die von der «Positiven Psychologie» empfohlen werden. Dazu gehört vor allem die Entwicklung von

- Hoffnung,
- persönlichen Stärken,
- Mut,
- interpersonellen Skills,
- Rationalität,
- Einsicht,
- Optimismus,
- Durchhaltevermögen,
- Realismus,
- Genussfähigkeit,
- Zukunftsorientierung,
- Verantwortlichkeit,
- der Fähigkeit, den Sinn des eigenen Lebens zu erkennen.

Eine weitere Tiefenstrategie ist das Erzählen der Lebensgeschichte. Wenn jemand die «Geschichte» seines Lebens erzählt, die verschiedenen Episoden sinnvoll verknüpft, eine Entwicklung in seinem Leben erkennen und sich selbst als Autor seiner Lebensgeschichte betrachten kann, dann ist das eine außerordentlich positive Fähigkeit. Jede kompetente Psychotherapie fördert ein solches Erzählen, das ein gutes Bollwerk ist gegen psychische Schwierigkeiten. Aber die Erforschung dieses Skills steht noch aus, und auch in der Therapieausbildung klafft hier eine Lücke.

An der traditionellen Psychotherapie kritisiert die «Positive Psychologie» vor allem zwei Dinge: Sie arbeite retrospektiv, indem sie Schwächen ausgleichen und Wunden heilen möchte. Demgegenüber will die «Positive Psychologie» zukunftsorientiert arbeiten, d. h. präventiv. Sie möchte systematisch Kompetenzen entwickeln, statt Schwächen zu korrigieren. Das bedeutet, dass eine wichtige Zielgruppe der «Positiven Psychologie» junge Menschen sind, deren größte Probleme Drogenmissbrauch, Gewalt und Depressionen sind. Die Entwicklung persönlicher Stärken wirkt als Schutz vor psychischen Störungen. Beispielhaft ist das Trainingsprogramm zum «gelernten Optimismus», das von Martin Seligman entwickelt wurde. Hier lernen Kinder und Erwachsene, wie sie ihr eigenes Katastrophendenken erkennen und verändern können; sie üben gezielt «optimistisches Denken». Dieses Training hat sich als außerordentlich wirksam erwiesen, weil es Angst und Depressionen gegensteuert. Die Entwicklung der wichtigen Stärke «Optimismus» schützt davor, dass wir uns als Opfer fühlen, ein Phänomen, das heute weit verbreitet ist.

Insgesamt können wir feststellen, dass die «Positive Psychologie» eine neue Orientierung in der Therapie nahelegt. Sie benutzt zwar das Handwerkszeug, das bisher in den einzelnen Methoden entwickelt wurde, aber sie verwendet es zum Teil anders. Sie stellt es in einen Kontext, der explizit positiv ist und der das Hauptaugenmerk nicht auf die Reparatur bereits eingetretener Schäden, sondern auf unser menschliches Potenzial und unsere persönlichen Stärken richtet.

In der hier folgenden Einleitung dieses Buches erfahren Sie mehr über Entstehungsgeschichte und Arbeitsgebiete der «Neuen Positiven Psychologie». Ich bin davon überzeugt, dass jeder Praktiker und jeder Wissenschaftler von dieser neuen Art zu denken profitieren kann. Gerade Menschen in helfenden Berufen sind stark belastet und in der Gefahr auszubrennen. Diese positive Orientierung kann sie entlasten, ihre Arbeit vereinfachen und sie neu beflügeln.

Einleitung: Was ist «Positive Psychologie»?

Vor etwa einem Jahr bin ich auf das neueste Buch von Martin Seligman gestoßen, das den Titel trägt: „Authentic Happiness - Using the New Positive Psychology to Realize Your Potential for Lasting Fulfillment». Ich habe dieses Buch mit großem Vergnügen gelesen, denn der Autor würzt seinen Bericht über die Entwicklung der «Positiven Psychologie» mit vielen Anekdoten aus seiner akademischen Karriere und aus seinem Familienleben. Seligman hat für seinen neuen Ansatz ein «Markenzeichen» gefunden, das der «Neuen Positiven Psychologie». Es war das erste Mal, dass ich mit diesem Begriff konfrontiert wurde. Doch so neu der Begriff ist, es gibt schon eine ganze Reihe von Publikationen zu diesem Thema. Bei der Lektüre fühlte ich mich an die frühen Siebzigerjahre erinnert, als die «Humanistische Psychologie» die Bundesrepublik erreichte und hier viel Beachtung und Sympathie fand.

Wer ist dieser Mann, den man zu Recht als «Paten» der «Neuen Positiven Psychologie» bezeichnen könnte? Viele Jahrzehnte seines Lebens hat Seligman als Therapeut und Forscher daran gearbeitet, Strategien zur Behandlung von Depressionen zu entwickeln. Seine kognitive Methode erwies sich als sehr erfolgreich, aber Seligman musste frustriert feststellen, dass die Fälle von Depressionen in den Vereinigten Staaten immer noch rapide zunehmen, vor allem auch unter den Jugendlichen. Er fühlte sich zunehmend wie Sisyphus, der trotz großer Anstrengung sein Ziel nicht erreichen kann. 1998 wurde er dann zum Präsidenten der American Psychological Association (APA), der größten Psychologenvereinigung der Welt mit über 160.000 Mitgliedern, gewählt. Nach seiner Wahl fühlte er sich herausgefordert, in seiner Amtszeit etwas Neues und Wirksames zu tun und eine Antwort auf die großen sozialen Probleme zu finden, mit denen die amerikanische Gesellschaft zu kämpfen hat, wie z.B. Drogenabhängigkeit, Depressionen, aber auch eine hohe Scheidungsrate, eine steigende Anzahl von Verbrechen und ein in vielen Teilen des Landes marodes Schulsystem. Er war sich sicher, dass die Antwort auf alle diese pathologischen

Entwicklungen nicht darin bestehen würde, mehr und bessere Therapie zu machen. Ihm war klar, dass er einen anderen Ansatz brauchte, der im Bereich der Prävention liegen musste, aber es fehlte ihm ein geeignetes Modell, eine Vision, ein inspirierender Fokus; dann entdeckte er eines Tages das «Nikki-Prinzip», als er mit seiner fünfjährigen Tochter Nikki das Unkraut im Garten jätete. Diese Situation möchte ich Ihnen mit den Worten Seligmans nahebringen: «Obgleich ich ein Buch und viele wissenschaftliche Artikel über Kinder geschrieben habe, muss ich bekennen, dass ich nicht sehr geschickt im Umgang mit Kindern bin. Ich bin sehr zielorientiert und sparsam mit meiner Zeit. Wenn ich Unkraut jäte, dann jäte ich, aber Nikki warf das Unkraut in die Luft und sang dabei. Weil sie mich ablenkte, fuhr ich sie an und sie ging weg. Nach ein paar Minuten war sie wieder da und sagte: «Papa, ich möchte mit dir sprechen.»
«Ja, Nikki?» – «Papa, erinnerst du dich an die Zeit vor meinem fünften Geburtstag? Bis ich fünf Jahre alt war, habe ich viel gequengelt. Ich quengelte jeden Tag, aber an meinem fünften Geburtstag habe ich entschieden, dass ich von nun an nicht mehr quengeln würde. Das war das Schwerste, was ich je gemacht habe, und wenn ich aufhören kann zu quengeln, dann kannst du aufhören, ein Miesepeter zu sein.»
Das war eine Erleuchtung für mich. Nikki hatte den Nagel auf den Kopf getroffen. Ich war ein Meckerer und Nörgler. Fünfzig Jahre meines Lebens herrschte in meiner Seele Regenwetter, und in den letzten zehn Jahren war ich wie eine Regenwolke in meiner Familie herumgezogen, die voller Sonnenschein war. All das Glück, das ich gefunden hatte, verdankte ich nicht meiner mürrischen Stimmung, ganz im Gegenteil. In diesem Augenblick fasste ich den Entschluss, mich zu ändern.» (Seligman 2002, S. 28)
Soweit das wörtliche Zitat. – An diesem Tag beschloss Martin Seligman, nicht nur häufiger gute Laune zu zeigen, sondern er änderte auch seine psychologische Theorie. Er begriff, dass seine Aufgabe als Vater nicht darin bestand, Nikkis Defizite zu korrigieren - das konnte sie selbst tun - seine Aufgabe bestand vielmehr darin, diese kostbare Stärke, die seine Tochter gezeigt hatte, zu schützen und ihr zu helfen, sie immer wieder zu benutzen. Es wurde ihm klar, dass Kindererziehung weitaus mehr ist als die Korrektur von Fehlern; es geht darum, die Stärken der Kinder zu erkennen und zu fördern. Für seine zweite Lebenshälfte hatte Martin Seligman seine Vision gefunden.

Der Abschied vom Krankheitsmodell

Wenn man sich fragt, was die Psychologie bisher zum Verständnis menschlicher Stärken wie Liebe, Freundlichkeit, Mut, Hoffnung, Fürsorge, Kooperation, Opferbereitschaft, Spiritualität, Freundschaft und Intimität beigetragen hat, so muss die Antwort leider lauten: «Nicht sehr viel.» Aus verschiedenen Gründen hat sie sich in den letzten hundert Jahren vor allem auf die dunkle Seite der menschlichen Existenz konzentriert. Die «Positive Psychologie» will hier neue Schwerpunkte setzen. Sie stellt dabei philosophische Fragen (z. B.: Was heißt es, ein gutes Leben zu führen? Was ist die Voraussetzung für menschliches Glück?) und praktische Fragen (z. B.: Welche Auswirkungen haben positive Emotionen? Welcher Prozess ist notwendig, damit wir vergeben können?) Die Antworten der «Positiven Psychologie» können uns helfen, in unserem persönlichen Leben widerstandsfähiger und kreativer zu sein, aber sie können auch unsere Institutionen verbessern. Die Voraussetzung dafür ist die Loslösung von dem bisher dominanten Schwäche- bzw. Krankheitsmodell in der Psychologie.

Manche Forscher sehen in der «Positiven Psychologie» ein neues Phänomen, andere stellen eine Kontinuität fest, die in den letzten Jahrzehnten nie abgerissen ist. Beide Sichtweisen sind teilweise richtig.

Natürlich werden die Erforschung seelischer Störungen und ihre Behandlung weitergehen, und die psychologische Forschung wird sich auch in Zukunft mit dem Ursprung von Problemen beschäftigen, mit Traumatisierung, mit der Entstehung von Leid und der Behandlung psychischer Krankheiten durch Psychotherapie und Medikamente. Aber daneben soll eine neue Perspektive etabliert werden.

Albert Bandura hat 1998 festgestellt, dass die Psychologie bisher viel mehr in subtile Theorien von Unglück als in Theorien des Erfolges investiert hat. Und immer mehr Sozialwissenschaftler und Psychologen sind der Meinung, dass es nicht länger ausreicht, den Forschungsschwerpunkt auf die Probleme des Menschen zu legen. Erfreulicherweise geben sich die Kritiker des Krankheitsmodells bescheiden. Die «Positive Psychologie» sucht keine Konfrontation, sondern wirbt um Anerkennung. Sie möchte herausfinden, worin die Stärken des Menschen bestehen, wie sie am besten gefördert und wie unsere Institutionen menschenfreundlicher werden können.

Die Perspektive der «Positiven Psychologie» ist in der Tat nicht völlig neu. In den letzten Jahrzehnten haben Wissenschaftler in ihren Untersuchungen beispielhafte Theorien und Interventionsmethoden entwickelt, die demonstrieren, wie «Positive Psychologie» betrieben werden kann. Viele Theoretiker und Praktiker haben wertvolle Beiträge zur «Positiven Psychologie» geleistet, ehe es diesen Begriff gab.
Martin Seligman hat mit seinem Begriff der «Neuen Positiven Psychologie» den Anstoß für eine Bündelung dieser Intentionen gegeben. Während seiner Präsidentschaft in der APA (American Psychological Association) betonte er immer wieder die Forderung der «Positiven Psychologie» nach Erforschung und Förderung der Stärken des Menschen. Und er warb auf vielen Kongressen und Konferenzen für die «Positive Psychologie». Seit dem Jahr 1998 ist viel geschehen. Die «Positive Psychologie» wurde im amerikanischen Fernsehen und im Rundfunk vorgestellt, und es gab zahlreiche Artikel in Zeitungen und Zeitschriften. Die erste Phase der Entwicklung scheint inzwischen abgeschlossen zu sein. Die «Positive Psychologie» hat ihre Unabhängigkeit vom Pathologiemodell erklärt, und in den Vereinigten Staaten wissen Psychologen und Therapeuten, dass diese Richtung existiert.

Die Geburt der «Positiven Psychologie»

In den letzten fünfzig Jahren hat sich die Psychologie hauptsächlich um Heilung gekümmert, um die Reparatur menschlichen Unglücks. Sie hat völlig aus dem Blick verloren, was Menschen glücklich macht, was zur Herausbildung eines positiven Charakters beiträgt, was das Leben lebenswert macht. Nachdem Seligman zum Präsidenten der American Psychological Association gewählt war, machte er sich auf die Suche nach einem Thema für das Jahr seiner Präsidentschaft. Er entschied sich für die Prävention und lud ein Dutzend führender Kollegen ein, darunter auch Mihaly Csikszentmihalyi, um mit ihnen darüber zu diskutieren, wie die Prävention im Bildungs- und Gesundheitswesen verbessert werden könnte. Diese Sitzung war für die meisten Beteiligten ziemlich langweilig. Alle Vorschläge erschöpften sich in der gewohnten Anwendung des Krankheitsmodells, das für die Prophylaxe genutzt werden sollte. Seligman kamen Zweifel. Er selbst fand diesen Ansatz zu mechanisch und zu phantasielos, als dass er die Elite der jüngeren Kollegen hätte begeistern können. Er spürte selbst, dass er dabei war, sich zu wiederholen, und darum wartete er ungeduldig auf eine Inspiration. Für diese Inspiration sorgte einige Wochen später seine kleine Tochter, von der wir weiter oben schon berichtet haben. Nikki gab ihrem Vater nicht nur den Anstoß, in der Familie vergnügter und optimistischer aufzutreten, ihre Intervention half Seligman darüber hinaus, seine eigene Lerntheorie neu zu organisieren und genauer zu fassen. Schlagartig wurde ihm klar, dass die Psychologie nicht dabei stehen bleiben durfte, Krankheit, Schwäche und Trauma zu studieren, sie sollte sich in Zukunft auch um Glück, Stärke und Charakter kümmern. Unmittelbar darauf rief Seligman seine Kollegen Mihaly Csikszentmihalyi und Ray Fowler an und lud sie ein, mit ihren Frauen zum Jahreswechsel nach Mexiko zu kommen. Eine Woche lang würden sie über die Vergangenheit und die Zukunft der Psychologie sprechen: «Wir werden das Feld der ‹Positiven Psychologie› schaffen.» Seligman hatte die Zauberformel gefunden, die so verlockend war, dass seine berühmten Kollegen ihre Ferienpläne änderten und mit ihren Familien zu einer der ungewöhnlichsten «Konferenzen» kamen, die es bislang in der Geschichte der Psychologie gegeben hat. Die Woche in Mexiko verband Genuss und Gedankenaustausch, Familienleben und Männerfreundschaft, Ferienglück und die Entwicklung einer wissenschaftlichen Vision.

Die drei Schwerpunkte der «Positiven Psychologie»

Als ersten Schwerpunkt sieht die «Positive Psychologie» die positiven Emotionen. Ziel ist, dass der einzelne Mensch seine Vergangenheit, seine Gegenwart und seine Zukunft möglichst positiv einschätzt und erlebt: Wenn wir die Vergangenheit positiv erleben, dann erleben wir Zufriedenheit, Freude und Wohlbefinden. Wenn wir die Gegenwart positiv erleben, dann fühlen wir uns glücklich, wir erleben «Flow», Ekstase oder sinnliches Vergnügen. Wenn wir die Zukunft positiv erleben, dann spüren wir Optimismus und Hoffnung.

Den zweiten Schwerpunkt der «Positiven Psychologie» bilden unsere Stärken und charakterlichen Tugenden. Um den Ansprüchen der Wissenschaft zu genügen, brauchen wir eine hieb- und stichfeste Klassifikation solcher Stärken. Auf diesem Gebiet haben Don Clifton und

Chris Peterson Pionierarbeit geleistet. Sie haben 24 Stärken und Tugenden identifiziert, die in den meisten Kulturen und zu allen Zeiten geschätzt wurden. Das hört sich vielleicht etwas geheimnisvoll an, aber es geht dabei um Dinge, die uns allen vertraut sind, um Kompetenzen und Stärken wie Freundlichkeit, Integrität, Originalität, Weisheit, Dankbarkeit und Intimität usw.

Den dritten Schwerpunkt sieht die «Positive Psychologie» im Studium und der Entwicklung von menschenfreundlichen Institutionen und einem ebensolchen Gemeinwesen. Die Soziologie hat lange Zeit dieselbe Einseitigkeit gepflegt wie die Psychologie und sich darauf konzentriert, Fehlentwicklungen zu analysieren, wie Rassismus, Sexismus und die Diskriminierung von alten Menschen. Auch hier kann es nicht nur darum gehen, Defekte zu reparieren, sondern wir müssen die Frage stellen: «Wie müssen unsere Institutionen beschaffen sein, damit sie uns bei der Entfaltung unserer Stärken unterstützen und wir positive Emotionen erleben können?»

Diese drei Schwerpunkte zeigen, dass die «Positive Psychologie» ein breites Spektrum an Themen abdeckt. Sie beschäftigt sich nicht nur mit menschlichen Emotionen, sondern auch mit Werten, mit lebensfreundlichen Institutionen und Politik. Gerade diese beiden letzten Felder hat die Psychologie bisher anderen Wissenschaften überlassen und nicht zu ihrer Kernaufgabe gemacht.

Aufgaben und Ziele der «Positiven Psychologie»

Seligman sieht vor allem drei Arbeitsfelder: Das erste ist die Entwicklung von geeigneten Tests. So hat die Gallup-Stiftung auf der Grundlage einer Liste von 24 Stärken, die von der Arbeitsgruppe um Don Clifton identifiziert wurden, einen Fragebogen mit 107 Punkten entwickelt, der psychologische Gesundheit messen soll. Mit Hilfe dieses Fragebogens kann die seelische Gesundheit von Einzelpersonen getestet werden, aber auch die «Gesundheit» eines Gemeinwesens und sogar einer Nation.

Das zweite Arbeitsfeld sind die Interventionen. Wenn wir eine Liste von Stärken und Tugenden haben, dann entsteht natürlich als Nächstes die Frage, wie diese entwickelt und gefördert werden können.

Das dritte Arbeitsfeld ist die Entwicklung menschlicher Stärken in

allen Lebensphasen. Wie entwickeln sich unsere Kompetenzen? Wie verändern sie sich? Wie interagieren sie mit der Welt in den verschiedenen Lebensaltern? Welche Bedingungen fördern, welche stören diese Entwicklung?
Seligman ist optimistisch im Blick auf die wissenschaftliche Begleitforschung für die «Positive Psychologie», da hier auf die ausgefeilten Methoden zurückgegriffen werden kann, die im Rahmen des Krankheitsmodells entwickelt wurden. Es kann auf alles zurückgegriffen werden, was in der alten Therapie entwickelt wurde – auf Definitionen, Tests, experimentelle Methoden, auf Interventionen und Ergebnisforschung. Das vorhandene Handwerkszeug lässt sich auf die «Positive Psychologie» übertragen.
Worin bestehen nun die langfristigen Ziele der «Neuen Positiven Psychologie»?
– Das erste Ziel ist eine Verbesserung der Prävention.
– Das zweite Ziel ist das Training von Psychologen, Pädagogen, Sozialarbeitern, um planmäßig und systematisch die Stärken der Klienten zu entwickeln.
– Das dritte Ziel besteht darin, das weit verbreitete Opferdenken zu beschneiden, das zur Zeit in den Sozialwissenschaften vorherrscht. Das Krankheitsmodell geht von einem Menschenbild aus, das von Pathologie und Passivität geprägt ist. Die Welt wirkt auf uns ein, und wir reagieren. Aber dieses Menschenbild hat einen gravierenden Schönheitsfehler. Seligman stellt fest: «Das Evangelium der Victimologie ist irreführend, es produziert auf paradoxe Weise Opfermentalität.»
– Das vierte Ziel ist die Entwicklung «philanthropischen Verhaltens». Seligman schließt hier eng an die Untersuchung von Jonathan Haidt an, der die positiven «moralischen Emotionen» untersucht hat. Dabei ist Haidt auf ein «neues» Gefühl gestoßen. Wenn wir beobachten, dass andere Menschen einander Gutes tun, dann führt das oft zu einem Gefühl der Rührung und Ergriffenheit. Haidt nennt dieses Gefühl «Elevation». Seligman führt in seinen Psychologiekursen an der Universität praktische Experimente mit moralischen Emotionen durch. Dabei geht es um ganz spezifische interpersonelle Skills wie z. B.: einander helfen, Gutes tun, Dankbarkeit ausdrücken, um Vergebung bitten, usw. Seligmans Studenten sind von diesen Aktivitäten begeistert und erklären, dass die damit verbundenen Erlebnisse prägend und

nachhaltig für sie sind. In dieser Hinsicht stimmt Seligman mit den drei monotheistischen Weltreligionen und mit dem Buddhismus überein. Er vermutet, dass wir glücklicher werden, wenn wir Gutes tun. Für ihn ist Glück keine Frage der Selbstsuggestion, sondern eine Konsequenz aus positiven Aktionen. So ist es Seligman gelungen, auch die Praxis des moralischen Verhaltens in die Psychologie zurückzuholen.

Diese Beschreibung der «Neuen Positiven Psychologie» muss sich notwendigerweise auf die wesentlichen Aspekte beschränken. Aber ich hoffe, dass sie den Leser neugierig macht, sich selbst weiter zu informieren bzw. über diesen neuen Ansatz nachzudenken. Ich persönlich bin davon überzeugt, dass die «Neue Positive Psychologie» eine wichtige Ergänzung für Psychologie und Pädagogik ist. Einen großen Vorteil sehe ich darin, dass es sich hier nicht nur um das Credo von einzelnen genialen Personen handelt. Ganz im Gegenteil. Martin Seligman und seine Kollegen bauen auf Kooperation und gemeinsame Anstrengungen. Ihr Ziel ist die Erneuerung einer Disziplin. Wir haben der Psychologie bisher schon viel zu verdanken, und in Zukunft können wir noch mehr von dem Fachgebiet erwarten, das sich mit dem Geheimnis beschäftigt, das uns lebenslänglich interessiert, nämlich mit uns selbst.

Literatur

Gillham, Jane E. (ed.): The Science of Optimism and Hope. Research Essays in Honor of Martin E. P. Seligman, Philadelphia, Templeton Foundation Press 2000

Keyes, Corey L. M. and Haidt, Jonathan (eds.): Flourishing. Positive Psychology and the Life Well-Lived, Washington, DC, American Psychological Association 2003

Norem, Julie K.: The Positive Power of Negative Thinking. Using Defensive Pessimism to Manage Anxiety and Perform at Your Peak, New York, Basic Books 2001

Seligman, Martin E. P.: Authentic Happiness. Using the New Positive Psychology to Realize Your Potential for Lasting Fulfillment, New York, Free Press 2002

Seligman, Martin E. P. with Reivich, K., Jaycox, L. and Gillham, J.: The Optimistic Child, Boston, Houghton Mifflin 1995

Kapitel I
Vergangenes neu sehen

Die positiven Emotionen bilden den ersten Schwerpunkt der «Neuen Positiven Psychologie». Sie sollen dazu beitragen, dass wir ein glückliches und optimistisches Leben führen können und motiviert sind, unsere Talente und Stärken auszubauen, sodass wir auch ein produktives Leben führen können.
Positive Emotionen können verbunden sein mit der Vergangenheit, mit der Gegenwart und mit der Zukunft. Wenn wir positive Emotionen in Bezug auf die Zukunft haben, dann erleben wir Optimismus, Hoffnung, Glauben und Vertrauen. Wenn wir positive Gefühle in der Gegenwart erleben, dann spüren wir vor allem Gefühle wie Freude, Ekstase, innere Ruhe, Begeisterung, Vergnügen und «Flow» als vielleicht wichtigstes Gefühl. Diese Gefühle sind in der Regel beteiligt, wenn wir im Alltag davon sprechen, dass wir glücklich sind. Und wenn wir positive Gefühle im Blick auf unsere Vergangenheit haben, dann spüren wir Zufriedenheit, Erfüllung, Stolz und Heiterkeit.
Diese drei Gruppen von Emotionen sind zwar alle wünschenswert, aber sie sind nicht notwendigerweise miteinander verbunden. Manchmal sind wir stolz und zufrieden mit unserer Vergangenheit, aber wir fühlen uns in der Gegenwart unglücklich, und wir blicken pessimistisch in die Zukunft. Genauso kann es sein, dass wir in der Gegenwart viel Vergnügen erleben, aber unzufrieden mit der Vergangenheit sind und wenig Hoffnung im Blick auf die Zukunft spüren. Wenn wir in allen drei Zeitstufen mehr Glück erleben wollen, dann müssen wir unsere Gefühle in eine positive Richtung steuern: Wir können eine andere Einstellung zu unserer Vergangenheit entwickeln, wir können andere Gedanken zu unserer Zukunft kultivieren, und wir können dafür sorgen, dass wir die Gegenwart besser genießen können.

In diesem Kapitel geht es um unsere Einstellung zu unserer Vergangenheit. Hier unterscheidet sich die «Neue Positive Psychologie» sehr von anderen psychologischen Positionen: Im Blick auf die Vergangenheit können wir ein breites Spektrum von Gefühlen erleben, von Stolz und Zufriedenheit bis zu permanenter Bitterkeit und rachsüchtigem Groll. Alle diese Gefühle sind weitgehend dadurch bestimmt, was wir über unsere Vergangenheit *denken*. Der Zusammenhang zwischen Denken und Fühlen gehört zu den ältesten kontroversen Themen in der Psychologie. Vor dreißig Jahren hat die kognitive Revolution in der Psychologie begonnen, Sigmund Freud und die Behavioristen in

Frage zu stellen. Aaron T. Beck, der führende Theoretiker der Kognitiven Therapie, vertritt die Meinung, dass Gefühle immer durch unsere Gedanken erzeugt werden. Freuds Position und die Auffassung der Kognitiven Therapie sind bis heute nicht miteinander versöhnt. Die «Neue Positive Psychologie» hält eine pragmatische Einstellung für angemessen und fragt: Unter welchen Umständen beeinflussen unsere Gefühle unser Denken, und unter welchen Umständen prägt unser Denken unsere Gefühle? Was die Gegenwart angeht, so kann man sagen, dass ein Teil unseres emotionalen Lebens spontan und reaktiv ist. Sinnliches Vergnügen und Ekstase werden nicht durch Denken und Interpretation geprägt. Wenn wir im warmen Wasser des Meeres schwimmen, dann fühlt sich das einfach gut an.

Anders ist es mit der Vergangenheit. In diesem Fall kann man sagen, dass alle Gefühle im Zusammenhang mit der Vergangenheit vollständig durch unser Denken und unsere Interpretation geprägt werden. Hier liegt eine große Chance für uns alle, die wir mehr oder weniger von dem Dogma geprägt sind, dass unsere Vergangenheit über unsere Zukunft entscheidet.

Wieweit bestimmt unsere Vergangenheit tatsächlich unsere Zukunft? Das ist keine überflüssige philosophische Frage. Je mehr wir davon überzeugt sind, dass die Vergangenheit die Zukunft bestimmt, desto schwieriger wird es für uns, uns zu ändern und unser Leben aktiv zu bestimmen. Hinter der Ideologie von der mächtigen Vergangenheit stehen drei der größten Denker des 19. Jahrhunderts, nämlich Darwin, Marx und Freud.

Für alle, die in den helfenden Berufen arbeiten, und für ihre Klienten ist Freuds Theorie bis heute sehr folgenreich. Wir glauben, dass unsere Kindheit in hohem Maße unsere Erwachsenenpersönlichkeit prägt. Unerledigte Probleme der Kindheit fixieren unsere Entwicklung, und wir versuchen in der restlichen Lebenszeit mit mehr oder weniger Erfolg unsere sexuellen und aggressiven Konflikte zu lösen. Und auch heute wird ein großer Teil der Zeit in den Praxen von Psychologen und Psychiatern damit verbracht, Kindheitsthemen zu bearbeiten. Die letzte große Welle der Therapie, die sich mit dem «inneren Kind» beschäftigt hat, machte die Verletzungen der Kindheit für unsere aktuellen Schwierigkeiten verantwortlich. Als Kinder wurde uns die Rolle des «Opfers» aufgezwungen. Wir können Heilung nur dann finden, wenn wir die frühen Traumata heilen. Dem setzt Seligman entgegen: «Schlimme Kindheitserfahrungen müssen nicht notwendigerweise zu Schwierigkeiten im Erwachsenenalter führen. Unsere wissenschaftlichen Untersuchungen geben uns keinen Grund zu der Annahme, dass Depression im Erwachsenenalter, Angst, Eheprobleme, Drogenmissbrauch, sexuelle Schwierigkeiten, Arbeitslosigkeit, Aggression gegen die eigenen Kinder, Alkoholismus oder Wutausbrüche durch das verursacht werden, was wir als Kinder erlebt haben.» (Seligman, 2002)

Diese Ergebnisse sind deshalb so wichtig, weil viele Menschen im Blick auf ihre Vergangenheit verbittert sind und sich machtlos fühlen im Blick auf die Zukunft. Sie glauben, dass ihre persönliche Geschichte sie festhält und lähmt. Der Glaube, nach dem wir Opfer unserer Vergangenheit sind und bleiben, ist weit verbreitet und wird von vielen Patienten, Psychologen und Psychiatern geteilt. Zu wissen, dass die Erlebnisse unserer frühen Kindheit nicht unausweichlich prägende Kraft haben, ist ein befreiender Gedanke und eine gute neue Botschaft.

Ein weiteres schädliches Dogma in Bezug auf unsere Vergangenheit besagt, dass wir alten Ärger unbedingt ausdrücken müssen. Vielfach wurde sogar die Auffassung vertreten, dass wir krank werden, wenn wir unseren Ärger nicht «herausschreien». Auch das ist aus der Sicht der «Neuen Positiven Psychologie» ein Mythos. Nach aktuellen Studien kann Feindseligkeit und ungefilterter Ausdruck negativer Gefühle zu Bluthochdruck und Herzproblemen führen, ganz zu schweigen von den schädlichen Auswirkungen, die das auf unsere Beziehungen hat.

Zum Glück gibt es eine andere Möglichkeit, unsere Emotionen zu verstehen. Natürlich gibt es situative Stimmungsumschwünge, wenn wir positive oder negative Dinge erleben. Aber nach kurzer Zeit pendelt sich unsere Gefühlslage wieder auf einen normalen Pegel ein. Wenn wir unsere Gefühle sich selbst überlassen und sie nicht durch unsere Gedanken weiter forcieren, dann regulieren sie sich selbst. Wenn wir unsere negativen Gefühle jedoch ungehemmt ausdrücken und uns permanent mit ihnen beschäftigen, dann steigern sie sich und führen zu einem Teufelskreis, in dem wir uns hilflos mit all dem beschäftigen, was uns einmal angetan wurde.

Was ergibt sich aus all dem für einen angemessenen Umgang mit unserer Vergangenheit? – Wenn wir unsere Verletzungen, unsere Misserfolge, unsere Schicksalsschläge in den Vordergrund stellen und alle guten Ereignisse ignorieren bzw. nicht richtig schätzen, dann unterminieren wir unsere Zufriedenheit, unseren Stolz und unsere innere Gelassenheit im Blick auf die Vergangenheit. Wir können unsere Gefühle jedoch viel positiver gestalten, wenn wir Folgendes tun:

- Wir können all das erkennen und anerkennen, was wir in der Vergangenheit Gutes erlebt oder geschafft haben.
- Wir können die guten Dinge, die wir erlebt haben, viel besser genießen, wenn wir dafür dankbar sind.
- Und wir können unsere Lebensgeschichte umschreiben, indem wir Vergebung praktizieren und uns so emotional von alten Verletzungen lösen.

Deshalb habe ich in diesem Kapitel Übungen zusammengestellt, in denen die Teilnehmer eine positive Perspektive im Blick auf ihre Vergangenheit einnehmen können.

Übung 1

Mein Schöpfungsmythos

Ziele: Diese ungewöhnliche Aufgabe betont die Kreativität der Teilnehmer. Sie können ihr Leben in einen großen Rahmen stellen und eine erstaunliche Geschichte erzählen. Die eigene Existenz wird als Wunder verstanden. Diese Aktivität lädt sowohl zu Bescheidenheit als auch zum Staunen ein.

Zusammenfassung: Der Gruppenleiter gibt eine kurze Einleitung; dann schreibt jeder seine eigene Schöpfungsgeschichte auf, vom Beginn der Zeit bis zum aktuellen Augenblick. Anschließend kommen die Teilnehmer in Quartetten zusammen und lesen ihre Geschichten vor.

Schritt 1: Wir können unsere Lebensgeschichte auf viele verschiedene Arten erzählen. In dieser Übung stellen wir uns vor, dass wir ein Schriftsteller sind, dem es gestattet ist, Dichtung und Wahrheit zu mischen, und der auf diese Weise das Wesentliche zeigt. Gute Schriftsteller haben sich die Fähigkeit bewahrt, zu staunen und sich an der Welt und ihrer eigenen Dichtung zu freuen.

Schritt 2: Nimm dir ein paar Blatt Papier und schreibe oben auf die erste Seite als Arbeitstitel «Mein Schöpfungsmythos». Wenn du fertig bist, kannst du, wenn du das willst, einen anderen Titel auswählen. Fang bei der Entstehung der Welt an und eile dann durch die Geschichte der Evolution bis zum heutigen Tag. Gestatte dir dichterische Phantasie und greife dabei auf deine Kenntnisse aus Astrophysik, Evolutionslehre, Geschichte, aus der christlichen Theologie oder den Schöpfungsmythen anderer Kulturen zurück. Benutze, was du über deine eigenen Vorfahren weißt, und wo dir genaue Kenntnisse fehlen, kannst du Fakten durch Fiktion ersetzen. Skizziere eine grobe Entwicklungslinie deiner Familiengeschichte und deines eigenen Lebens. Verstrick dich nicht in Einzelheiten, sondern zeichne in großen Linien und gib deinem Bericht passende emotionale Farben. Staune, wie wunderbar sich alles gefügt hat, sodass du heute hier in dieser Gruppe sein kannst. Schreibe möglichst schnell, ohne dich selbst zu zensieren und ohne den Versuch zu machen, wissenschaftlich korrekt zu sein. Gib deiner Existenz Wurzeln, die durch die ganze Geschichte zurückreichen bis zu den Anfängen des Kosmos. Du hast dafür dreißig Minuten Zeit. (30 Minuten)

Schritt 3: Die Teilnehmer kommen in Quartetten zusammen, tauschen sich über ihre Reaktionen aus und lesen einander ihre Geschichten vor. (30 Minuten)

Schritt 4: Auswertung im Plenum:
- Konnte ich diese Gelegenheit genießen, um mein Leben mit der Geschichte der Welt zu verbinden?
- Wie habe ich mich beim Schreiben gefühlt?
- Welche emotionale Tönung hat meine Geschichte?
- Gestatte ich mir manchmal, über Dinge nachzudenken, die nur von der Phantasie beantwortet werden können?
- Fühle ich mich in dieser Welt geborgen?
- Freue ich mich, dass mir mein Leben geschenkt wurde?
- Freut sich die Welt, dass ich existiere?

Übung 2

Ehre deine Vergangenheit

Ziele: Wenn wir unser Leben nach Fehlern und Verletzungen durchforschen, dann verwandeln sich die Ereignisse leicht in ein Drama oder Melodrama. Wir hätten alles besser machen können, und so geraten wir in einen Strudel des Negativen. In dieser Übung laden wir die Teilnehmer ein, Frieden mit ihrer Vergangenheit zu schließen und sich all der Gelegenheiten zu erinnern, wo sie Positives bewirkt haben, und all der Dinge, die sie von anderen bekommen haben.

Zusammenfassung: Die Teilnehmer haben eine Stunde Zeit, um die Spuren ihres Lebens in einem Text sichtbar zu machen. Sie sollen eine wohlwollende Perspektive einnehmen, ohne jedoch zu beschönigen. Sie erwähnen alles, was sie für wichtig und wertvoll halten, mit anderen Worten, sie sagen ein deutliches «Ja» zu der Geschichte ihres Lebens. Als Hilfestellung bekommen die Teilnehmer eine Checkliste, die ihnen zeigt, welche Themen dabei wichtig sein können.
Anschließend kommen sie in Paaren zusammen und lesen einander ihre Lebensgeschichte vor.

Schritt 1: Der Gruppenleiter gibt eine kurze Einführung: Wie wir zu uns selbst stehen, das zeigt sich in unserer Beziehung zu unserer Vergangenheit. Wir können Frieden schließen mit unserer Vergangenheit, genauso wie wir in unseren Beziehungen Frieden schließen können. Wir konzentrieren uns nicht länger auf Fehler und Verletzungen, sondern auf alle die Dinge, die wir verantwortet haben, auf Ziele, die wir erreicht haben, auf die Art und Weise, wie wir das Leben anderer berührt haben, auf alles, was wir anderen gegeben haben. Genauso machen wir uns bewusst, was wir anderen verdanken und was wir von ihnen bekommen haben.

Schritt 2: Nimm ein Blatt Papier und beschreibe die wichtigen Ereignisse, Aktivitäten, Erlebnisse und Projekte deines Lebens. Du kannst dich an den Themen des Teilnehmermaterials orientieren; du musst sie jedoch nicht alle berücksichtigen. Ziel ist, dass du ein Bild deines Lebens zeichnest, zu dem du sagen kannst: «So war es, und es ist gut so.» Du hast eine Stunde Zeit für die Skizzierung deiner Lebensgeschichte. (60 Minuten)

Schritt 3: Komm nun bitte mit einem Partner zusammen und lies ihm deine Notizen vor. Der Partner soll dich nicht unterbrechen, keinen Kommentar abgeben, keine Fragen stellen usw. Er versucht einfach zu verstehen, was du sagst und was dein Leben einmalig macht. (20 Minuten)

Schritt 4: Auswertung:
- Fällt es mir schwer, mich von den Urteilen anderer Menschen zu lösen?
- Wie kritisch sind meine eigenen Urteile über mich und mein Leben?
- Wieweit ist es mir gelungen, eine positive Perspektive einzunehmen und einzuhalten?
- Wofür in meinem Leben bin ich am dankbarsten?
- Welches ist mein größter Triumph?
- Was war für mich am schwersten zu lernen?

Teilnehmermaterial «Ehre deine Vergangenheit»

Das sind die Themen, die dich auf wichtige Ereignisse hinweisen können:

1. Die Menschen in deinem Leben: Dazu gehören die Menschen deiner Familie (Eltern, Geschwister, Ehepartner, Kinder), Kollegen, Freunde, Liebespartner, Chefs, Mitarbeiter, Mentoren und Rivalen.
2. Die emotionale Qualität deines Lebens: dein inneres Leben, Freude, Befriedigung, Liebe und Frieden, aber auch deine Versuche, mit Verlusten, Schmerz, Enttäuschung und Frustration umzugehen.
3. Dein Körper: Wie bist du mit deinem Körper umgegangen? Wie hast du für ihn gesorgt? Wie hast du ihn genossen? Wie hast du mit ihm in guten und in schlechten Zeiten gelebt?
4. Was waren deine Ressourcen? Wie bist du mit Geld umgegangen, mit Gelegenheiten, glücklichen Zufällen, mit den Ressourcen der Erde und mit Unterstützung, Liebe und Kooperation von anderen?
5. Deine Spuren: Was hast du aufgebaut? Was hast du nicht geschafft? Welche Ziele hast du erreicht? Welche waren für dich unerreichbar? Was hast du auf dieser Erde geschaffen?
6. Ideen, Talente und Charakterstärken: Was hast du gelernt? Wie hast du deine Kreativität ausgedrückt? Von wem hast du gelernt und für wen warst du ein Lehrer? Wie hast du mit anderen kooperiert?
7. Deine Werte: Auf welche Weise hast du versucht, zu einem besseren Leben beizutragen? Wie hast du versucht, andere, die Gesellschaft, die Welt zu beeinflussen, damit ein besseres Leben möglich wird?
8. Die Welt: Wie hast du das Leben anderer Menschen beeinflusst? Wie war dein Verhältnis zur Erde, zu Tieren und Pflanzen?
9. Deine spirituelle Entwicklung: Woran glaubst du? Welche Gedanken hast du über deine Seele? Welche höheren Mächte gibt es für dich? Woran zweifelst du? Was möchtest du glauben können?

Übung 3

Lebensuhr

Ziele: Diese Übung kann den Teilnehmern helfen, bewusster mit der eigenen Zeit umzugehen. Zeit ist kostbar und steht nur begrenzt zur Verfügung. Wir müssen unsere Prioritäten setzen.

Zusammenfassung: Die Teilnehmer schreiben eine Seite zu der Frage: «Wie spät ist es in meinem Leben?» Anschließend vervollständigen sie sechs angefangene Sätze, die zusätzlich helfen, das eigene Zeitbewusstsein zu schärfen.

Schritt 1: Der Gruppenleiter gibt eine kurze Einführung zum Thema «Zeit»: Das Problem der Zeit ist eigentlich ein Entscheidungsdilemma: Was ist wichtig für mich? Worauf kann ich verzichten? Wie kann ich meine Zeit so nutzen, dass sie zu meinen persönlichen Werten passt?

Schritt 2: Die Teilnehmer nehmen ein Blatt Papier und schreiben darauf als Überschrift: «Wie spät ist es in meinem Leben?» Dann zeichnen sie ein Zifferblatt auf und meditieren ein paar Minuten über die Frage, ehe sie versuchsweise den Stunden- und Minutenzeiger eintragen. Dann schreiben sie eine Viertelstunde lang alles auf, was ihnen zu dieser Frage einfällt.

Schritt 3: Der Gruppenleiter bittet die Teilnehmer, die folgenden Sätze zu vervollständigen: (Die beiden ersten unvollständigen Satzanfänge sollen jeweils drei Mal ergänzt werden.)
- Es ist zu spät für mich, um... (2 Minuten)
- Es ist noch zu früh für mich, um... (2 Minuten)
- Jetzt ist der richtige Zeitpunkt, dass ich... (2 Minuten)
- Ich brauche mehr Zeit, um... (2 Minuten)
- Ich erwarte, dass um... Uhr Folgendes geschieht... (3 Minuten)
- Auf meiner Uhr ist es... Das bedeutet... (3 Minuten)

Schritt 4: Die Teilnehmer kommen in Paaren zusammen, lesen sich ihre Notizen vor und teilen einander mit, welche Überlegungen und Gefühle diese Übung bei ihnen ausgelöst hat.

Schritt 5: Auswertung im Plenum:
- Wie ist meine Philosophie der Zeit?
- Fällt es mir schwer, klare Entscheidungen zu treffen?
- Wie viel Zeit nehme ich mir zum Spielen?
- Wie viel Zeit nehme ich mir, um zu lieben?
- Wie viel Zeit gehört meiner Arbeit?
- Welche Erfahrungen habe ich in meinem Leben mit Plänen gemacht?
- Wie oft hat sich das Schicksal bei mir gemeldet?
- Glaube ich, dass meine Seele unsterblich ist?

Übung 4

Höhen und Tiefen

Ziele: Diese Übung sorgt für eine ausbalancierte Betrachtungsweise. Normalerweise schätzen wir die Höhen mehr als die Tiefen, aber in den Tiefen entwickeln wir Widerstandskraft und Weisheit. Wir können uns glücklich schätzen, wenn beides in unserem Leben vorkommt.

Zusammenfassung: Die Teilnehmer zeichnen eine Lebenslinie, die von links nach rechts verläuft. Sie legen ihr Blatt quer vor sich hin und zeichnen unten zunächst eine Zeitachse ein, die ihr Leben ganz grob in Fünfjahresschritte einteilt.
Anschließend interpretieren sie schriftlich den Verlauf der Lebenslinie und die Verteilung von Höhen und Tiefen. Dieser Kommentar soll auch die Frage einschließen: Was liegt noch vor mir? Welchen Traum habe ich noch für mein Leben?

Schritt 1: Die Teilnehmer nehmen sich ein Blatt Papier und zeichnen ihre Lebenslinie mit den wichtigen Höhen und Tiefen. Jedem steht völlig frei, Höhen und Tiefen gemäß den eigenen Wertvorstellungen zu definieren. An einzelnen Stellen der Lebenslinie können Ereignisse, Projekte und Personen eingetragen werden. (15 Minuten)

Schritt 2: Jeder nimmt sich ein zweites Blatt Papier und würdigt schriftlich seine Lebenslinie unter der Fragestellung: «Was ich bisher aus meinem Leben gemacht habe.» (15 Minuten)

Schritt 3: Auf einem dritten Blatt steht dann die Überschrift: «Ein Traum, den ich mir noch erfüllen möchte.» Die Teilnehmer meditieren eine Weile über Dinge, die sie schon erreicht haben, über Erfahrungen und alles, was bisher zu kurz gekommen ist. Sie versuchen, ihren großen Traum zu skizzieren für die Zeit, die noch vor ihnen liegt. (10 Minuten)

Schritt 4: Die Teilnehmer kommen in Paaren zusammen und stellen einander vor, was sie bisher erarbeitet haben. Der Partner kann Fragen stellen und, wenn er dazu eingeladen wird, Kommentare abgeben. (30 Minuten)

Schritt 5: Auswertung im Plenum:
- Um welche Themen ging es bisher in meiner Lebensgeschichte?
- Welche Themen möchte ich in der Zukunft berücksichtigen?
- Wie offen bin ich für die Fingerzeige des Schicksals?

Übung 5

Jahreszeiten der Seele

Ziele: Der Mythos von Tod und Auferstehung findet sich in vielen Religionen. Aber wir kennen den Zyklus von Tod und Wiedergeburt auch aus unserem eigenen Leben: Altes muss vergehen, damit Platz wird für das Neue. Wenn wir uns das klarmachen, dann kann das die Angst vor dem eigenen Tod abmildern.

Zusammenfassung: Die Teilnehmer legen eine Liste an mit Dingen, die im Augenblick in ihrem Leben an Bedeutung verlieren, die absterben. Dann legen sie eine zweite Liste an mit Dingen, die in ihrem Leben langsam ans Licht kommen und im Begriff sind, sozusagen geboren zu werden. Anschließend wählen sie von jeder Liste eine interessante Entwicklung und beschreiben auf einer Seite, welche Veränderung dadurch in ihrem Leben möglich wird. In Trios werden die Ergebnisse dieser Überlegungen ausgetauscht.

Schritt 1: Der Gruppenleiter gibt eine kurze Einführung. Die Natur zeigt uns den Kreislauf des Lebens – damit Neues entstehen kann, muss Altes absterben.

Schritt 2: Jeder legt eine Liste an und notiert fünf Dinge, die zur Zeit im eigenen Leben «absterben», die weniger wichtig werden, die zurückgehen – Dinge, an denen ich das Interesse verliere, Dinge die ich loslasse, deren Zeit abgelaufen ist. Das können Freundschaften sein, ein Job, eine Ehe, Werte, Einstellungen, politische Bündnisse, ökonomische Ziele usw. (5 Minuten)

Schritt 3: Dann wird eine zweite Liste angelegt mit Dingen, die neu in meinem Leben auftauchen, die sich noch nicht voll entfaltet haben, aber im Entstehen sind, die wichtiger werden, häufiger vorkommen. Manchmal sind es auch Dinge, die früher eine gewisse Rolle gespielt haben, die dann verschwanden, jetzt aber wieder an Bedeutung gewinnen. (5 Minuten)

Schritt 4: Jeder wählt aus beiden Listen eine Veränderung aus, die ihn am meisten interessiert. Dann beschreibt der Teilnehmer die Entwicklung, die durch dieses Absterben bzw. Neuentstehen möglich wird. Dabei sollen auch die Gefühle berücksichtigt werden – gemischte Gefühle, Wünsche, Erwartungen. Was hilft bzw. was behindert beim Loslassen von Altem und beim Annehmen von Neuem? Gibt es einen inneren Zusammenhang zwischen den beiden Polen dieser Veränderung? (15 Minuten)

Schritt 5: Die Teilnehmer kommen in Trios zusammen und lesen einander ihre Überlegungen vor.

Schritt 6: Auswertung im Plenum:
- Wie leicht fällt es mir, Altes loszulassen?
- Woran merke ich, dass Neues wichtig wird?
- Was geschieht, wenn ich zwanghaft am Alten festhalte?
- Wie viel Vertrauen habe ich in das Leben?
- Wie viel Vertrauen habe ich in meine Möglichkeit, kreativ zu sein und Neues zu lernen?
- Welche Menschen sind für mich Vorbilder in punkto innere Lebendigkeit?

Übung 6

Autobiografisches Schreiben

Ziele: Auch eine kurze Autobiografie kann helfen, die verschiedenen Ereignisse des Lebens zu integrieren und ein neues Gefühl für die Richtung des eigenen Lebens zu gewinnen. Das gilt besonders für Übergangssituationen (berufliche Veränderungen, Geburt des ersten Kindes, eine Scheidung, ein Todesfall usw.) Wenn wir unsere Autobiografie schreiben, können wir deutlicher spüren, dass unser Leben einen Sinn hat. Wir können positive wie negative Erfahrungen akzeptieren und inneren Frieden erlangen. Schritte in die Zukunft werden leichter, wenn wir ein klares Bild der Vergangenheit haben.

Zusammenfassung: Die Teilnehmer bekommen eine schriftliche Anleitung für ihre Arbeit und nehmen sich dann anderthalb Stunden Zeit, um eine kompakte Autobiografie aufzuschreiben. In einer anschließenden Sitzung können diese Texte in der Gruppe vorgelesen werden.

Schritt 1: Der Gruppenleiter gibt eine kurze Einführung: In Zeiten von persönlichen und beruflichen Veränderungen können wir mehr innere Stärke entwickeln, wenn wir ein deutliches Bild unserer Vergangenheit haben. In dieser Sitzung kann ein solches Bild durch autobiografisches Schreiben gewonnen werden. Wir wählen dazu eine möglichst objektive Perspektive. Wir vermeiden es, unsere Lebensgeschichte als eine Anklage gegen das Schicksal zu schreiben, aber wir sollten sie ebenso wenig als Erfolgsstory abfassen. Wir gehen davon aus, dass sich in unserem Leben Positives und Negatives gemischt hat, dass wir Lehrer hatten und eigene Entdeckungen machen konnten, dass wir viele eigene Entscheidungen getroffen haben und dass manchmal das Schicksal für uns entschieden hat.

Schritt 2: Schreibe eine kurze Autobiografie, die die wichtigen Stationen deines Lebensweges skizziert. Das können Ereignisse, Erfahrungen oder Zufälle sein, die die Richtung deines Weges beeinflusst

haben. Beschreibe vor allem solche Stationen, die dein Leben in irgendeiner Weise geprägt oder verändert haben. Manche dieser Ereignisse sind unübersehbar und leicht zu erkennen, wie z. B. eine Heirat, ein Berufswechsel oder eine Veränderung des Wohnortes; andere scheinen eher klein und zufällig zu sein und markieren trotzdem den Anfang einer wichtigen Entwicklung, wie z. B. die Lektüre eines Buches, die Begegnung mit einer anregenden Person oder das Erlebnis eines neuartigen Gefühls. Welches sind für dich die wichtigsten Stationen auf deinem Lebensweg? Welche Ereignisse, Erlebnisse und Interaktionen haben deinen Gang durch das Leben besonders geprägt?
Du hast jetzt 90 Minuten Zeit, um eine kurze Autobiografie zu Papier zu bringen. Du kannst dich von dem Teilnehmermaterial anleiten lassen, das eine Reihe von hilfreichen Fragen enthält.

Schritt 3: Nach dem Schreiben kommt die Gruppe kurz im Plenum zusammen, sodass jeder Gelegenheit hat, eine erste Reaktion auf diese Übung mitzuteilen:

- Wie habe ich mich beim Schreiben gefühlt?
- Hat mich etwas überrascht?
- Wie ist meine Stimmung nach Abschluss dieser Arbeit?
- Welchen Titel würde ich meiner Autobiografie geben, wenn ich sie zu einem Buch ausarbeiten würde?
- Welche Anregungen enthält meine Autobiografie für meine Zukunft? Möchte ich etwas ändern, möchte ich etwas verstärken, möchte ich etwas abschließen?

(Weisen Sie die Teilnehmer darauf hin, dass in der nächsten Sitzung Gelegenheit ist, die Autobiografie in der Gruppe vorzulesen.)

Teilnehmermaterial «Autobiografisches Schreiben»

Beschreibe die wichtigsten Stationen auf deinem Lebensweg. Beginne mit der Tatsache deiner Geburt. Dieses Ereignis soll dich daran erinnern, dass du einen Körper hast, dass du Gefühle hast, dass du einen Willen hast und die Fähigkeit zu lernen.
Beschreibe in deiner Autobiografie vor allem jene Stationen, die dich zu der Person gemacht haben, die du heute bist. Lass dich dabei von den folgenden Fragen anregen:

1. Wie alt warst du bei einer bestimmten Station deines Lebensweges? – Der Zeitpunkt für ein Ereignis ist oft sehr wichtig. Geschah dieses Ereignis zu früh? Warst du zu jung? Ereignete es sich zu spät? Warst du zu alt?
2. Welche Menschen waren dabei wichtig? Welche wichtigen Menschen waren an einem Wendepunkt beteiligt? Vater, Mutter, Ehepartner? Du ganz allein? Oft stellen wir fest, dass dieselben Menschen bei wichtigen Gabelungen des Lebensweges immer wieder beteiligt sind.
3. Welche Gefühle hattest du zu diesem Zeitpunkt? Wie ging es dir emotional bei dieser Station deines Lebensweges? Wie intensiv waren deine Gefühle? Hattest du gemischte Gefühle? Kannst du im Rückblick deine Gefühle von damals verstehen?
4. Wie fühlst du dich jetzt in Bezug auf diese Station? – Manchmal ändern sich unsere Gefühle über ein Ereignis. Manchmal stellen wir fest, dass eine Krise oder ein Unglück sich später als ein positives Ereignis herausstellt. Aber auch das Gegenteil kann der Fall sein. Was wir damals für ein großes Glück hielten, stellt sich später als Belastung oder als Irrweg heraus. Wie fühlst du dich heute, wenn du an diese Station deines Lebensweges zurückdenkst?
5. Wie frei konntest du dich bei dieser Station deines Lebensweges entscheiden? Wie viel Kontrolle hattest du in dieser Situation? Geschah etwas, was ganz deiner Kontrolle entzogen war? Wer oder was übte den entscheidenden Einfluss aus?
6. Welche Konsequenzen hatte dein Verhalten an dieser Station? – Stationen unseres Lebensweges können wir oft als Weggabelungen beschreiben; wir geben dort unserem Leben einen neuen Impuls oder eine neue Richtung. Wie hat diese Station deines Lebensweges dein Lebensgefühl verändert? Welche Konsequenzen und Auswirkungen hatte sie auf dein Leben? Wie wäre dein Leben verlaufen, wenn es dieses Ereignis nicht gegeben hätte?

Übung 7

Die drei wichtigsten Menschen in meinem Leben

Ziele: Bei dieser Übung kommen Rollenmodelle, Werte und das Verhältnis zwischen den Generationen zur Sprache.

Zusammenfassung: Die Teilnehmer notieren die drei wichtigsten Menschen in den ersten zwanzig Jahren ihres Lebens. Anschließend projizieren sie das Thema in die Zukunft: Wer werden die drei wichtigsten Menschen in meinem künftigen Leben sein?
In Quartetten tauschen die Teilnehmer ihre Überlegungen zu diesen beiden Fragen aus und versuchen, sich darüber klar zu werden, welche Konsequenzen sich aus ihrer Wahl ergeben können.

Schritt 1: Der Gruppenleiter gibt eine kurze Einführung. Häufig hängen wir der Spontaneitäts-Hypothese an. Wir glauben z. B., dass die Menschen, die wir besonders schätzen oder lieben, von uns gefühlsmäßig gefunden werden. Manchmal ist das auch so, aber je älter wir werden, desto mehr verstehen wir, dass wir auch bewusste Entscheidungen treffen können bei der Frage: «Wer ist besonders wichtig für mich?» Wir sind dann weniger abhängig von unseren wechselnden Gefühlen und Stimmungen.

Schritt 2: Nimm dir bitte ein Stück Papier und finde die drei Menschen heraus, die für dich am wichtigsten waren:
als du fünf Jahre alt warst,
als du zehn Jahre alt warst,
als du zwanzig Jahre alt warst. (2 Minuten)
Und nun wende dich bitte der Zukunft zu. Welche drei Menschen werden in der Lebenszeit, die vor dir liegt, die wichtigsten für dich sein? Bring, wenn dir das möglich ist, die Personen mit der entsprechenden Jahreszahl in Verbindung. (3 Minuten)

Schritt 3: Die Teilnehmer kommen in Quartetten zusammen, tragen einander ihre Antworten vor und tauschen sich darüber aus, welche Gefühle und Assoziationen diese kurze Übung bei ihnen ausgelöst hat:

- Fällt es mir leicht, meine Prioritäten zu erkennen?
- Sind die wichtigen Menschen in meinem Leben auch die Menschen, die ich liebe?
- Welche Entwicklung kann ich bei mir erkennen im Blick auf die Auswahl meiner «Liebesobjekte»?
- Wie sieht für mich reife Liebe aus?

Übung 8

Ein mündlicher Brief

Ziele: Dies ist eine gute Möglichkeit, alte Konflikte und Schwierigkeiten aufzugreifen und aufzulösen. Wichtig ist dabei, dass die Teilnehmer über das Stadium des Sich-Beklagens oder der Anklage hinausgehen und den Adressaten des Briefes fair behandeln. Die mündliche Abfassung des Briefes ist ganz entscheidend. Veränderungen der eigenen emotionalen und kognitiven Perspektive sind so leichter möglich, als wenn der Text schriftlich fixiert würde.

Zusammenfassung: Die Teilnehmer kommen in Trios zusammen, und jeder hat die Möglichkeit, fünf Minuten lang seinen «Brief» mündlich zu improvisieren. Adressat des Briefes ist eine Person, mit der ihn eine schwierige Beziehung verbindet oder zu der, infolge von unerledigten Konflikten, kein Kontakt mehr besteht. Anschließend gibt es Feedback von den beiden anderen Mitgliedern.

Schritt 1: Der Gruppenleiter gibt eine kurze theoretische Einführung. Manchmal brechen wir Beziehungen innerlich und äußerlich ab und lassen wichtige Dinge ungesagt. Die Gründe dafür sind vielfältig, meist scheuen wir davor zurück, eine Illusion aufzugeben, Selbstverantwortung zu übernehmen und uns ehrlich und auch selbstkritisch auszudrücken. Solche unerledigten Geschäfte können viel Energie binden, weil wir die Problematik dieser Beziehung und die offenen Fragen ständig unterdrücken müssen.

Schritt 2: Die Teilnehmer kommen in Trios zusammen. Jeder hat fünf Minuten Zeit, um einen mündlichen Brief zu verfassen. Der Empfänger ist eine wichtige Person, lebend oder tot, zu der die Beziehung schwierig ist oder abgebrochen wurde. In der Regel gibt es einen nicht abgeschlossenen Konflikt, und vieles wurde nicht gesagt. In diesem «Brief» kann der Betreffende Dinge nennen, die bisher nicht ausgesprochen wurden – Gründe für das Schweigen, für Ressentiments oder Wünsche, was eine Veränderung der Beziehung angeht. Der Ver-

fasser des Briefes bemüht sich um emotionale Aufrichtigkeit, Offenheit und um Fairness. Er versucht, die eigene Position möglichst aufrichtig zu beschreiben und verzichtet darauf, den Empfänger des Briefes zu manipulieren, ihm Schuldgefühle zu machen oder ihn zu verurteilen. Am Ende des Briefes soll ein kurzes Statement stehen, das einen Ausblick auf die Zukunft der Beziehung enthält.
Nach fünf Minuten teilen die beiden Zuhörer dem Autor des Briefes ihre Reaktionen mit:
- Ist dieser Brief aufrichtig?
- Ist dieser Brief fair?
- Akzeptiert der Verfasser die Tatsachen und auch die Enttäuschung, die der Adressat ihm zugefügt hat?

Schritt 3: Anschließend Auswertung im Plenum:
- Wen habe ich mir als Adressat für meinen Brief ausgesucht?
- Wie haben sich meine Gefühle bei der Abfassung des Briefes entwickelt?
- Wie fühle ich mich jetzt?
- Wie reagiere ich typischerweise auf Enttäuschung oder Verletzung? Ziehe ich mich zurück? Verschanze ich mich hinter Schweigen?
- Wieweit gestatte ich anderen, meinen eigenen Vorstellungen zuwiderzuhandeln?
- Wie leicht fällt es mir, emotional ehrlich zu sein?
- Was bedeutet für mich Fairness in einer Beziehung?

Übung 9

Zehn Fragen

Ziele: Hier haben die Teilnehmer Gelegenheit, die Lebensgeschichte der anderen Teilnehmer kennenzulernen. Außerdem kann geübt werden, passende Fragen zu stellen, die das Verständnis für die Individualität eines anderen Gruppenmitgliedes fördern.

Zusammenfassung: Ein Stuhl wird in die Mitte des Kreises gestellt. Wer sich auf diesen Stuhl setzt, gibt damit zu erkennen, dass er das Risiko eingeht, auch auf überraschende Fragen nach seiner Lebensgeschichte zu antworten. Es gibt keinerlei Beschränkungen für diese Fragen, allerdings hat der Teilnehmer auf dem «heißen Stuhl» das Recht Fragen, die ihm zu unbehaglich sind, nicht zu beantworten. Im Laufe der Zeit werden die Fragen der Teilnehmer effektiver und einfühlsamer, sodass die Antworten einen Zuwachs an Selbsterkenntnis und Offenheit bringen.

Schritt 1: Der Gruppenleiter gibt eine kurze Einführung über emotionale Offenheit: Warum ist emotionale Offenheit wichtig für unsere seelische Gesundheit? Wo liegen die Grenzen? Wünsche ich mir, offener zu sein?

Schritt 2: Ein Stuhl wird in die Mitte des Kreises gestellt. Nacheinander kann sich jedes Gruppenmitglied auf den Stuhl setzen und sich zu seiner Lebensgeschichte befragen lassen. Jeder darf nur eine einzige Frage stellen. Die Fragen sollen die Lebensgeschichte des Freiwilligen auf dem «heißen Stuhl» erhellen. Die Antworten sollen so aufrichtig wie möglich gegeben werden. Der Befragte hat jedoch das Recht, eine Frage nicht zu beantworten. Dann sagt er einfach: «Ich passe.» Im Ganzen können der Person auf dem heißen Stuhl zehn Fragen gestellt werden. Anschließend kehrt der Betreffende auf seinen Platz im Kreis zurück und dankt der Gruppe kurz für das Interesse an seiner Person.

Schritt 3: Wenn alle Gruppenmitglieder, die den Wunsch danach hatten, auf dem «heißen Stuhl» gewesen sind, gibt es eine Auswertung.

Erst jetzt sollen Fragen zur Klärung gestellt werden, und die Teilnehmer können ihre Reaktionen auf die Selbstdarstellung und das Schicksal derjenigen ausdrücken, die in der Mitte waren:
- Bin ich das Risiko eingegangen, mich befragen zu lassen?
- Welche Frage war mir am unangenehmsten?
- Welche Frage fand ich am interessantesten?
- Was habe ich für mich dabei gelernt?
- Welche Fragen fand ich langweilig, unfair oder unergiebig?
- Fühle ich mich der Gruppe jetzt näher?

Übung 10

Sich stark fühlen

Ziele: Wenn wir uns auf unsere Stärken konzentrieren, können wir uns gut fühlen. Wir bringen gute Leistungen, und unser Leben ist auch für andere produktiv. Die Teilnehmer sollen drei Talente bzw. Charakterstärken identifizieren, über die sie verfügen, und zu jeder eine Geschichte erzählen. Das sorgt für eine positive Lebensperspektive.

Zusammenfassung: Die Teilnehmer kommen in Paaren zusammen. Zunächst listet jeder drei persönliche Stärken auf; dann erzählen sich die Partner abwechselnd, bei welcher Gelegenheit sich diese Stärke in ihrem Leben bewährt hat.

Schritt 1: Der Gruppenleiter spricht kurz darüber, dass jeder Mensch Stärken und Schwächen hat: Viele von uns verfolgen eine ungünstige Strategie und konzentrieren sich darauf, ihre Schwächen zu korrigieren, oder sie suchen nach externen Einflüssen, auf die sie ihre Schwächen zurückführen können. Das mündet häufig in einer Opferhaltung. Wesentlich besser ist es für uns, wenn wir uns auf unsere natürlichen Talente (z. B. Musikalität, mathematische Phantasie oder körperliche Ausdauer) und auf unsere Charakterstärken (Mut, Hilfsbereitschaft, Talent zu Führung usw.) konzentrieren.

Schritt 2: Die Teilnehmer bilden Paare. Jeder von ihnen schreibt drei persönliche Stärken auf ein Blatt. Um diese herauszufinden, sind folgende Fragen nützlich:
- Was tue ich am liebsten?
- In welchen Bereichen lerne ich schnell?
- In welchen Lebensbereichen fühle ich mich kompetent?

Schritt 3: Einer der Partner beginnt, indem er eine Stärke von seiner Liste nennt und dann eine Geschichte dazu erzählt, die illustriert, wie die Stärke ihm Erfolg brachte und wie sie sich auf sein Leben und das

Leben anderer positiv auswirkte. Jede Geschichte soll möglichst detailliert beschreiben:
- Was habe ich getan?
- Wie habe ich mich dabei gefühlt?
- Welche Wirkung hatte mein Handeln?
- Was war daran für mich befriedigend?
- Inwiefern wirkte sich mein Vorgehen auf andere positiv aus?

Der Partner hört schweigend zu, ohne nachzufragen oder Kommentare abzugeben. Feedback soll es erst am Ende der Übung geben.

Schritt 4: Nach der ersten Geschichte ergreift der Partner die Initiative und erzählt seinerseits eine Geschichte, die eine seiner Stärken illustriert. Anschließend ist wieder der Partner an der Reihe, der den Anfang gemacht hat usw. (30 Minuten)

Schritt 5: Wenn die sechs kurzen Geschichten erzählt sind, geben sich die Partner Feedback. Jetzt ist auch Gelegenheit für klärende Fragen und persönliche Kommentare. Außerdem sollen die Partner die folgende Frage beantworten: In welchem Ausmaß kann ich in meiner derzeitigen Lebenssituation Gebrauch von meinen Stärken machen?

Schritt 6: Auswertung im Plenum:
- Wie habe ich mich bei dieser Übung gefühlt?
- Wie leicht fällt es mir, meine Stärken zu erkennen?
- Wurden die Stärken, die ich notiert habe, in Kindheit und Jugend auch von anderen bemerkt und gefördert?
- Was wären ideale Bedingungen für mich, meine Stärken optimal zu nutzen?

Übung 11

Blutsbande

Ziele: Hier können die Teilnehmer sich auf all die guten Dinge konzentrieren, die sie von ihrer Familie bekommen haben. Dabei schließen wir viele Generationen ein, das ganze Familiensystem, soweit wir Kenntnis darüber haben. Zu den guten Dingen gehören nicht nur unsere Gene, sondern auch Familienrituale, Familiengeschichten, Traditionen, Weisheiten und Vorbilder.

Zusammenfassung: Der Gruppenleiter gibt eine kurze Einführung. Dann legt jeder Teilnehmer eine lange Liste an mit hundert Dingen, für die er seiner Familie dankbar ist. Anschließend lesen alle ihre Listen noch einmal durch, um darin nach wichtigen Hinweisen auf das eigene Wertesystem und auf eigene Stärken zu suchen, und wählen von den verschiedenen Personen, die ihnen durch den Sinn gegangen sind, eine aus, der sie Dank abstatten möchten in Form eines kurzen Briefes.

Schritt 1: Der Gruppenleiter gibt eine kurze Einführung in das Thema der Familiendynamik: Wir verdanken unseren Vorfahren nicht nur unsere genetische Disposition, sondern einen großen Teil unserer charakterlichen Grundausstattung. Die Kultur unseres Familiensystems sichert unser Überleben. Natürlich gibt es in jeder Familie auch ein negatives Erbe, aber wir müssen der Versuchung widerstehen, die Familie für alle unsere Schwächen verantwortlich zu machen.

Schritt 2: Die Teilnehmer haben eine halbe Stunde Zeit, um eine Liste mit genau einhundert Einzelheiten anzulegen, die sie ihrer Familie verdanken. Die Liste hat den Titel: «Hundert Dinge, für die ich meiner Familie dankbar bin». Zu Beginn glauben viele Teilnehmer, dass sie unmöglich hundert Punkte zusammenbekommen werden. Am Ende schafft es jeder, wenn er die folgenden Grundsätze beachtet:

- Es ist okay, Einzelheiten zu wiederholen, das Unbewusste legt auf bestimmte Einzelheiten offenbar großen Wert.

- Jeder schreibt so schnell er kann. Wer sich warm geschrieben hat, kann in der Regel nicht so schnell schreiben, wie sich Gedanken einstellen.
- Es müssen keine kompletten Sätze geschrieben werden.
- Nicht jede Eintragung muss einen erkennbaren Sinn ergeben.
- Manchmal tauchen Gedanken auf, die scheinbar keine Verbindung zum Thema haben. Auch sie sollen notiert werden.
- Es ist hilfreich, die einzelnen Punkte durchzunummerieren.
- Die Liste soll in einem Zug zu Papier gebracht werden.
- Es gibt dabei kein Richtig oder Falsch, weil alles Material aus verschiedenen Ecken und Winkeln der Erinnerung herbeiströmt.

Im Allgemeinen hat eine Liste mit hundert Stichworten drei Teile: Das erste Drittel enthält normalerweise Informationen, die wir auch sonst in unserem Bewusstsein haben; im zweiten Drittel kommt es häufig zu Wiederholungen und bestimmte Themen schälen sich heraus; im letzten Drittel liefert das Unbewusste seine Beiträge ab, die zum Teil große Überraschung auslösen können. (30 Minuten)

Schritt 3: Wenn die «Liste der hundert Dinge» abgeschlossen ist, werden die Eintragungen noch einmal durchgesehen auf Themengruppen und auf besondere Anregungen. Jeder schreibt einen kurzen Kommentar zu seiner Liste der Dankbarkeit. (10 Minuten)

Schritt 4: Jeder wählt sich eine Person aus seinem Familiensystem, der gegenüber er besondere Dankbarkeit empfindet. An diese soll er nun einen Brief schreiben. Der Adressat kann jemand sein, der noch lebt, es kann aber auch eine Person sein, die schon gestorben ist. In dem Brief soll klipp und klar gesagt werden, für welches Geschenk der Verfasser dankbar ist und wie sich dieses Geschenk in seinem Leben ausgewirkt hat. (15 Minuten)

Schritt 5: Auswertung im Plenum:
- Was hat mich bei dieser Übung überrascht?
- Wen habe ich mir als Empfänger meines Briefes ausgewählt?
- Möchte ich meinen Brief in der Gruppe vortragen?
- Warum ist Dankbarkeit eine wichtige Charakterstärke?
- Welche Werte waren in meinem Familiensystem zentral?

Übung 12

Engel in Zivil

Ziele: Von Zeit zu Zeit kommen Menschen in unser Leben, die unseren Optimismus bestätigen. Sie bringen kleine und große Geschenke. Sie nehmen uns wahr, sie unterstützen uns, sie sind hilfsbereit und inspirierend. Die Erinnerung an solche freundlichen Menschen soll hier aufgefrischt werden.

Zusammenfassung: Die Teilnehmer legen eine Zeitlinie an und tragen darauf Siebenjahres-Segmente ein. Für jeden Zeitabschnitt identifizieren sie einen «Engel in Zivil», der ihr Leben bereichert hat. Es wird notiert, was die Person spezifisch getan oder gesagt hat. Dann kommen die Teilnehmer in Paaren zusammen, konzentrieren sich auf einen dieser «Engel» und beschreiben diese Person für den Partner; sie schildern, wie sich diese positive Beziehung auf ihr Leben ausgewirkt hat.

Schritt 1: Der Gruppenleiter gibt eine kurze Einführung und erläutert das Konzept der «Engel in Zivil». Engel sind immer Boten des Göttlichen gewesen, die den Menschen wichtige Botschaften übermittelt haben. In Krisen und Katastrophen hatten die Engel die Aufgabe, uns zu beschützen. Die «Engel in Zivil» halfen uns Optimismus zu entwickeln. Sie kommen in ganz unterschiedlicher Form: vielleicht eine Nachbarin, der wir erzählen konnten, wie es uns in der Schule ergangen war, vielleicht ein Großvater, der uns auf langen Spaziergängen die Natur erklärt hat, vielleicht ein Schulkamerad, der uns unseren ersten Job vermittelt hat usw. Allen diesen Engeln ist gemeinsam, dass sie auch auf unsere unausgesprochenen Bedürfnisse eingehen und in irgendeiner Form für uns da sind. Sie berühren unser Leben vielleicht nur ganz kurz, aber wir empfinden diese Berührung als freundlich und liebevoll.

Schritt 2: Jeder nimmt ein Blatt Papier, zeichnet eine Zeitlinie für sein Leben darauf, die er in Siebenjahres-Segmente einteilt. Dann erinnert er sich für jeden Zeitabschnitt an einen «Engel in Zivil». Deren Beiträge müssen nicht gigantisch sein. Manchmal fällt uns jemand ein, der ein Vorbild für uns war, der uns bei einer Schwierigkeit half, der uns inspirierte. Die Namen der «Engel» werden in die Zeitabschnitte eingetragen und dazu ein Stichwort, das die «Gabe» des Engels bezeichnet. (15 Minuten)

Schritt 3: Die Teilnehmer kommen in Paaren zusammen. Jeder wählt sich einen seiner «Engel in Zivil» und erzählt dem Partner die dazugehörige Geschichte:
- Welches Geschenk verdanke ich meinem Engel?
- Was war das für eine Persönlichkeit?
- Welche Auswirkungen hatte der «Engel» auf mein Leben?
- Hat diese Person mich angeregt, ebenfalls hilfsbereit, freundlich und liebevoll zu handeln?
- Habe ich anderen ein ähnliches Geschenk gemacht? (20 Minuten)

Schritt 4: Wenn beide Geschichten erzählt sind, sprechen die Paare über diese Übung:
- Fällt es mir leicht, mich beschenken zu lassen?
- Glaube ich in irgendeiner Form an richtige Engel?
- Fällt es mir leicht, für andere da zu sein und intuitiv zu erfassen, was sie brauchen?
- Wie viel Talent habe ich, um glücklich zu sein? (10 Minuten)

Schritt 5: Auswertung im Plenum:
- Welche Erfahrung habe ich mit den verschiedenen «Engeln» in meinem Leben gemacht: mit Schutzengeln, mit «Engeln in Zivil», mit «Engeln der Liebe»?
- Ist es mir wichtig, zurückzugeben, was ich vom Schicksal bekommen habe?
- Wann habe ich selbst zuletzt die Rolle eines «Engels in Zivil» übernommen?

Übung 13

Souvenirs

Ziele: Unsere Vergangenheit drückt sich auch in den Gegenständen aus, die wir in unserem Leben besessen und benutzt haben. Die Teilnehmer arrangieren eine imaginäre Ausstellung, die an ihr Leben erinnert.

Zusammenfassung: Die Teilnehmer überlegen sich, welche Objekte für das Leben, das sie geführt haben, so repräsentativ sind, dass andere über diese Objekte einen Zugang zu ihrem Schicksal, ihrem Lebensweg und ihrer Persönlichkeit gewinnen können. Sie legen ein Verzeichnis dieser Dinge an und schreiben dann einen kurzen «Ausstellungskatalog», in dem jedes Objekt kurz beschrieben und gewürdigt wird.

Schritt 1: Wir beginnen mit einer imaginären Situation: Stell dir vor, dass du gestorben bist, und ein Bürgerkomitee deines Heimatortes hat beschlossen, eine kleine Ausstellung zu arrangieren, die Souvenirs aus deinem Leben zeigt: Gegenstände, die du benutzt hast, Garderobe, Möbel, Fotos und Briefe, Musikinstrumente usw. Alle diese Dinge sollen an dich erinnern, an die Art, wie du gelebt hast, an deine Leidenschaften und vielleicht an deine Laster. Was soll in dieser Ausstellung zu sehen sein? Was soll an die wichtigen Stationen deines Lebens erinnern? Was soll aus deiner Gegenwart gezeigt werden?

Schritt 2: Beginne mit einem Objektverzeichnis und schreibe eine Liste auf mit dem Ausstellungsinventar. Nummeriere die Gegenstände deines Nachlasses, die gezeigt werden sollen.

Schritt 3: Schreibe nun einen kurzen Führer durch diese Ausstellung. Sprich den Besucher darin an und erläutere ihm jedes einzelne Objekt. Vielleicht möchtest du dich und die einzelnen Objekte aus verschiedenen Perspektiven beleuchten, einmal sachlich, einmal leidenschaftlich, einmal ironisch, einmal tragisch, einmal komisch. Verabschiede dich am Ende von deinen virtuellen Besuchern, indem du ihnen die Frage beantwortest, wo du dich jetzt nach deinem Ableben aufhältst.

Übung 14

Mein Testament

Ziele: Dies ist eine reizvolle Möglichkeit, die wichtigen Beziehungen eines ganzen Lebens zu würdigen, unsere Freunde und möglicherweise auch unsere Feinde. Die besondere Perspektive schafft eine gelöste Atmosphäre und vielleicht auch etwas Weisheit.

Zusammenfassung: Wir benutzen wieder eine imaginäre Situation: Wir wissen, dass die Zeit unseres Lebens abgelaufen ist und setzen darum unseren letzten Willen auf. Dabei denken wir an all unsere Beziehungen zurück und bestimmen, welche Objekte aus unserem Nachlass wir Freunden und Bekannten und vielleicht auch unseren Feinden und Rivalen hinterlassen wollen. Diese Übung gibt Raum für viele Emotionen, aber besonders für Witz, Humor und Offenheit.

Schritt 1: Stell dir vor, dass du weißt, dein Leben geht zu Ende. Du beschließt, dein Testament zu machen. Du kannst unmöglich alle Menschen bedenken, mit denen dich in deinem Leben eine Beziehung verband. Das würde sehr viel Zeit erfordern und deine Kräfte erschöpfen. Du musst also eine Auswahl treffen unter den Menschen, die im Guten und im Schlechten für dich wichtig waren. Wer soll etwas aus deinem Besitz bekommen und was? Du musst nicht nur an deine wertvollen Dinge denken, auch Triviales kannst du verschenken. Geh so vor, dass die verschiedenen Erbschaften ein letzter Kommentar sind zu der Beziehung, eine letzte Möglichkeit, Gerechtigkeit zu üben. Vielleicht möchtest du deinen Feinden Anerkennung zeigen, vielleicht deine Freunde wissen lassen, wir wertvoll sie dir waren.

Schritt 2: Schreibe jetzt deinen letzten Willen auf. Begründe bei jeder einzelnen Verfügung, warum du so verfährst. Wenn du möchtest, kannst du für jeden «Erben» eine kurze persönliche Botschaft hinzufügen. Du hast für die Abfassung deines letzten Willens dreißig Minuten Zeit.

Schritt 3: Die Teilnehmer kommen in Trios zusammen und lesen sich gegenseitig ihre fiktiven Dokumente vor. Anschließend besprechen Sie diese Übung:

- Was bedeutete mir Besitz?
- Welche Objekte hatten für mich ein emotionales Leben?
- Welcher Art waren meine Beziehungen?
- Was fehlte meinen Beziehungen und was möchte ich in Zukunft ändern?
- Wie würden die «Erben» auf meine Gaben reagieren?

Schritt 4: Auswertung im Plenum:

- Wie habe ich mich in dieser Übung gefühlt?
- Habe ich auch meine «Widersacher», meine Kritiker und Feinde bedacht?
- Was verdanke ich meinen negativen Weggefährten?
- Wie leicht kann ich loslassen?
- Was möchte ich festhalten?
- Was möchte ich in meinen Beziehungen ändern?
- Wann fühle ich mich einsam, wann geborgen?

Übung 15

Mut

Ziele: Wir müssen uns immer wieder neu entscheiden, welche Akzente wir unserem Leben geben wollen. Wenn wir unzufrieden sind, wenn sich unsere äußeren Lebensumstände verändern, wenn es in irgendeinem Lebensbereich zu einer Krise kommt, dann müssen wir unseren Kurs neu bestimmen. Das erfordert Mut, denn wir können nie wissen, ob wir uns weise entscheiden. In solchen Momenten ist es günstig, wenn wir uns an Situationen aus der Vergangenheit erinnern, in denen wir ein Risiko eingegangen sind und hinterher feststellen konnten, dass unser Mut belohnt wurde.

Zusammenfassung: In dieser Übung können die Teilnehmer sich an sechs Episoden ihres Lebens erinnern, wo sie mutig gehandelt haben und am Ende Erfolg hatten. Sie wählen eine dieser Situationen aus und erzählen sie in der Gruppe. Der Erzähler hält dabei einen sogenannten Talking-Stick in der Hand; es kann aber auch ein schöner Stein, ein Ring oder Armreif sein; diese Objekte sollen symbolisieren, dass etwas Wichtiges erzählt wird, dass der Sprecher allein entscheidet, wie lange er reden möchte, und dass die Zuhörer bereit sind, ihre ganze Aufmerksamkeit auf die erzählte Geschichte zu konzentrieren.

Schritt 1: Der Gruppenleiter gibt eine kurze Einleitung in das Thema: Mut bedeutet nicht, dass wir keine Angst haben. Mut schließt die Möglichkeit des Scheiterns mit ein und die Bereitschaft, auch eine Niederlage zu akzeptieren. Wenn wir mutig handeln, dann möchten wir unser Ziel erreichen, aber wir setzen uns nicht selbst unter Druck, dass uns dies unter allen Umständen gelingen muss.

Schritt 2: Jeder Teilnehmer notiert drei Situationen aus seinem Leben, in denen er Mut bewiesen hat, indem er
- ein Risiko einging und eine wichtige Entscheidung traf,
- etwas Neues ausprobierte,
- auf eine reale oder potenzielle Gefahr reagierte,
- einen anderen Menschen aus einer gefährlichen Situation rettete.

Zu jeder Situation sollen stichwortartig die Umstände skizziert werden:
- Welche Aktion war es, die Mut erforderte?
- Wie sicher war ich mir, dass ich meinen Plan durchführen konnte?
- Wie ging die Sache aus?
- Wie hat sich der Erfolg auf mein Leben ausgewirkt?
- Wie habe ich ein Scheitern verkraftet?
- Welche Schlüsse habe ich aus dieser Episode gezogen? (10 Minuten)

Schritt 3: Nach dieser Vorbereitung beginnt das Erzählritual. Jeder Teilnehmer entscheidet sich für eine der drei notierten Episoden, um sie im Verlaufe des Rituals als Geschichte zu erzählen. Dabei sind zwei verschiedene Typen von Geschichten möglich: Mutgeschichten mit einem erfolgreichen Ausgang und Mutgeschichten, die mit einem Fehlschlag endeten. Manchmal erweisen sich Mutgeschichten mit Fehlschlägen aus dem Rückblick gleichwohl als besonders fruchtbar, weil sie uns die Chance geben, etwas Wichtiges zu lernen.
Immer ein Teilnehmer kann sich den Talking-Stick nehmen, der in der Mitte des Kreises auf dem Boden liegt. Solange er ihn in der Hand hält, hat er das exklusive Recht zu sprechen und seine Geschichte zu erzählen. Die übrigen Teilnehmer hören schweigend zu und versuchen, ihre ganze Aufmerksamkeit und ihr Einfühlungsvermögen auf den Sprecher zu konzentrieren.
Die Redezeit kann variieren. Jeder entscheidet selbst, ob er die Geschichte in der Vergangenheitsform oder in der Gegenwart erzählen möchte. Die Erzählung im Präsens hat gewisse Vorteile; die Spannung wird erhöht, und die Gefühle kommen deutlicher zum Ausdruck.

Schritt 4: Wenn die letzte Geschichte erzählt ist, gibt es eine kurze Pause. Anschließend findet eine Auswertung statt:
- Wie habe ich mich beim Erzählen meiner Geschichte gefühlt?
- Welche Geschichte hat mich besonders beeindruckt?
- Wie schätze ich meine Kraft ein, auch aus einem Scheitern zu lernen?
- Was ist wichtiger als die Frage von Erfolg oder Niederlage?
- Welche Gruppenmitglieder haben in meinen Augen auf vorbildliche Weise Mut gezeigt?
- Wozu brauche ich diese Gruppe?

Übung 16

Zufrieden mit der Vergangenheit

Ziele: Hier können die Teilnehmer einen Test machen, der ihnen zeigt, wie zufrieden sie mit ihrer Vergangenheit sind. Unsere Gefühle über die Vergangenheit können ein breites Spektrum umfassen: Zufriedenheit, Heiterkeit, Stolz und Erfüllung auf der einen Seite, aber auch verhärtete Bitterkeit, Enttäuschung und rachsüchtiger Ärger. Alle diese Gefühle hängen davon ab, was wir über die Vergangenheit denken. Dankbarkeit im Blick auf alles, was das Leben uns geschenkt hat, schafft positive Erinnerungen, und die Bereitschaft zu vergeben bewirkt, dass wir uns aus den Verstrickungen lösen können, die altes Unrecht, Enttäuschungen, entgangenes Glück und Verluste für uns geknüpft haben.

Zusammenfassung: Im ersten Teil dieser Übung machen die Teilnehmer einen Selbsttest, der ganz grob ihre Zufriedenheit mit dem Leben misst. Anschließend kommen sie in Quartetten zusammen, um sich über ihre Einstellung zum Leben und zu ihrer Vergangenheit auszutauschen.

Schritt 1: Der Gruppenleiter gibt eine kurze Einführung. Wenn wir glücklich sein wollen, dann geht das nur, wenn wir positive Emotionen erleben. Positive Emotionen können sich aus Vergangenheit, Gegenwart und Zukunft speisen.
Die positiven Gefühle im Blick auf die Zukunft schließen ein: Optimismus, Hoffnung und Vertrauen.
Positive Gefühle im Blick auf die Gegenwart beinhalten unter anderem Freude, Ekstase, innere Ruhe, Begeisterung, Genuss und vor allem «Flow» (das völlige Aufgehen in einer Situation oder Aktivität).
Positive Gefühle im Blick auf die Vergangenheit schließen ein: Zufriedenheit, Erfüllung, Befriedigung, Stolz und Heiterkeit.
Es ist wichtig zu wissen, dass diese drei Gruppen von Gefühlen sich unterscheiden und nicht unbedingt eng miteinander verbunden sind. Es ist zwar wünschenswert, dass wir auf allen drei Zeitebenen glück-

lich sind, aber das muss nicht immer der Fall sein. Es ist möglich, auf eine glückliche Vergangenheit zurückzuschauen, aber unzufrieden zu sein mit der Gegenwart und pessimistisch im Blick auf die Zukunft. Ebenso ist es möglich, dass wir unsere Gegenwart genießen, aber Bitterkeit empfinden über unsere Vergangenheit und Hoffnungslosigkeit im Blick auf die Zukunft. Wir können jedoch unser Lebensgefühl beeinflussen, indem wir unser Denken verändern. Unsere Gefühle werden in starkem Maße durch die Art unseres Denkens beeinflusst. Wenn wir an Gefahren denken, dann empfinden wir Angst; wenn wir an Verluste denken, empfinden wir Trauer; wenn wir an uns zugefügtes Unrecht denken, empfinden wir Zorn oder Groll. Wenn wir bemerken, dass wir zu sehr in negativen Gefühlen stecken, dann können wir unserem Denken eine andere Richtung geben.
Im Blick auf unsere Vergangenheit bedeutet das: Wir können uns von der kindlichen Vorstellung lösen, dass alles in unserer Vergangenheit positiv sein müsste. Wir können Verluste und Enttäuschungen als unvermeidbar betrachten und trotzdem unser Denken auf die Dinge richten, für die wir dankbar sind. Wir können unsere Bereitschaft kultivieren, dem Schicksal, den Menschen all das zu verzeihen, wofür wir sie spontan am liebsten anklagen würden.

Schritt 2: Die Teilnehmer bekommen den Test «Zufriedenheit mit der Vergangenheit» und füllen ihn aus. (10 Minuten)

Schritt 3: Es werden Quartette gebildet und die Teilnehmer tauschen sich darüber aus, wie viele Punkte sie in dem Test erzielt haben. Außerdem können sie sich darüber austauschen, was jeder von ihnen tun könnte, um die eigene Vergangenheit positiver zu sehen:

- Bin ich ein Anhänger der weitverbreiteten Ansicht, dass die Vergangenheit unsere Gegenwart bestimmt?
- Wieweit hänge ich einer Opfer-Ideologie an, indem ich altes Unrecht für meine gegenwärtigen Schwierigkeiten und Defizite verantwortlich mache?
- Wie ist mein Bild des Schicksals? Glaube ich an höhere Mächte, die es gut mit mir meinen?
- Bin ich in der Lage, anderen zu vergeben?
- Bin ich in der Lage, Dankbarkeit zu empfinden, insbesondere auch für die kleinen Dinge im Leben?

- Wie würde sich mein Leben verändern, wenn ich häufiger die Entscheidung träfe, mein eigenes Denken bewusst zu bemerken und irrationale Gedanken zu eliminieren?

Schritt 4: Auswertung im Plenum:
- Welche Anregungen nehme ich aus diesem Test mit?
- Was kann ich in Zukunft tun, um meine Vergangenheit als Ressource zu betrachten und nicht so sehr als Verhängnis?

Teilnehmermaterial «Zufrieden mit der Vergangenheit»

Unten findest du fünf Sätze, denen du möglicherweise zustimmst oder die du ablehnst. Benutze die folgende Skala von 1 bis 7, um zum Ausdruck zu bringen, in welchem Ausmaß du der Aussage zustimmst. Schreibe die entsprechende Zahl vor jede der fünf Aussagen.

7 = Ich stimme vollkommen zu
6 = ich stimme zu
5 = ich stimme teilweise zu
4 = keine Zustimmung, keine Ablehnung
3 = leichte Ablehnung
2 = Ablehnung
1 = vollständige Ablehnung

	Punkte:
Mein Leben entspricht in fast jeder Hinsicht meinem Ideal.	....
Meine Lebensumstände sind ausgezeichnet.	....
Ich bin vollständig zufrieden mit meinem Leben.	....
Ich habe bisher immer die entscheidenden Dinge bekommen, die ich mir vom Leben wünsche.	....
Wenn ich mein Leben noch einmal leben könnte, würde ich nichts anders machen.	....
Summe:	....

Ergebnis:

30 bis 35: vollständig zufrieden, weit über dem Durchschnitt,
25 bis 29: sehr zufrieden, überdurchschnittlich,
20 bis 24: einigermaßen zufrieden, ein durchschnittlicher Wert für Erwachsene,
15 bis 19: leicht unzufrieden, etwas unter dem Durchschnitt,
10 bis 14: unzufrieden, deutlich unter dem Durchschnitt,
5 bis 9: ausgesprochen unzufrieden, sehr erheblich unter dem Durchschnitt.

Übung 17

Bilanz

Ziele: Einmal im Jahr sollte jeder Bilanz ziehen, wie zufrieden er mit seinem Leben ist. Der ideale Zeitpunkt ist der Jahreswechsel. Hier lernen die Teilnehmer dieses einfache und sehr nützliche Instrument kennen, das sie später immer wieder benutzen können. Diese Bilanz ist kein Selbstzweck, sie ist die Basis für zukünftige Entscheidungen und Veränderungen.

Zusammenfassung: Die Teilnehmer machen eine kurze Bewertung ihrer wichtigsten Lebensbereiche und schreiben dann zu jedem Lebensbereich einen Kommentar. Anschließend kommen sie in Trios zusammen und sprechen über ihre Ergebnisse und Einsichten. Sie versuchen, die Lebensbereiche zu identifizieren, in denen Veränderungen notwendig sind.

Schritt 1: Der Gruppenleiter gibt eine kurze theoretische Einführung. Oft treffen wir wichtige Entscheidungen gefühlsmäßig, aber Gefühle allein sind ein unsicherer Ratgeber. Wichtig ist eine genaue Bewertung der eigenen Lebensbahn. Dabei müssen wir uns klar sein, dass unser Urteil über die Qualität unseres Lebens durch situative Gefühle von Trauer oder Glück beeinflusst wird. Kürzlich erlebtes Pech in der Liebe wird die durchschnittliche Zufriedenheit mit dem eigenen Leben nach unten ziehen, und eine gerade erhaltene Erbschaft oder Gehaltserhöhung wird die Lebenszufriedenheit künstlich steigern. Wenn man an einer verlässlichen Selbsteinschätzung interessiert ist, dann sollte einmal im Jahr Bilanz gezogen werden. Dafür bietet sich der Jahreswechsel an, und man braucht dann eine gute Stunde, um eine Jahresretrospektive vorzunehmen. Besonders geeignet dafür ist ein Tag ohne innere Unruhe oder ohne Hochgefühle, ohne Konflikte oder Ärgernisse. Die Ergebnisse dieser Überprüfung sollten aufbewahrt werden, sodass man im folgenden Jahr einen Vergleich ziehen kann, um Verbesserungen und Verschlechterungen der Zufriedenheit in einzelnen Lebensbereichen zu entdecken. Eine solche Prozedur bewahrt vor Selbsttäuschung und weist uns darauf hin, ob Veränderungen notwendig sind. Die vorgeschlagene Methode wendet sich an unser Gefühl ebenso wie an unser klares Denken, und sie unterstreicht, dass wir durch bewusste Entscheidungen für das eigene Glück sorgen können. Diese Prozedur ist ein gutes Gegenmittel gegen Passivität und den Glauben, dass Glück nur eine Gabe des Schicksals ist, außerdem kann sie uns vor der falschen Vorstellung bewahren, dass unsere Vergangenheit vollständig unsere Zukunft kontrolliert. Unsere Zukunft ist in einem hohen Maße abhängig von unseren eigenen Entscheidungen und unserer eigenen Weisheit.

Schritt 2: Die Teilnehmer bekommen das Teilnehmermaterial «Bilanz» und nehmen die dort vorgeschlagenen Einschätzungen verschiedener Lebensbereiche vor, die dann schriftlich erläutert werden. (30–45 Minuten)

Schritt 3: Anschließend werden Trios gebildet, und die Teilnehmer konzentrieren sich vor allem auf die Frage: «In welchen Lebensbereichen muss ich aktiv werden und für Veränderungen sorgen?» (30 Minuten)

Schritt 4: Auswertung:
- Wie viel Kontrolle habe ich über mein Leben?
- Wie wurden in meiner Kindheitsfamilie Entscheidungen getroffen? Zufällig und «aus dem Bauch heraus»? Bewusst und nach sorgfältiger Analyse?
- Mit wem kann ich ganz offen über notwendige Veränderungen in meinem Leben sprechen?
- Welche äußeren Veränderungen ziehe ich in Erwägung?
- Welche inneren, emotionalen oder kognitiven Veränderungen möchte ich vornehmen?
- Wie habe ich bisher den Jahreswechsel gestaltet?
- Ist der Jahreswechsel eine Zeit der Sentimentalität? Des Vergnügens? Oder in einem passenden Ausmaß auch der Reflexion und der Bilanzierung?

Teilnehmermaterial «Bilanz»

Einmal im Jahr ist es angebracht, Bilanz zu ziehen und das vergangene Jahr zu bewerten. Gib auf einer Skala von 1 bis 10 (1 = schrecklich bis 10 = vorzüglich) bitte an, wie zufrieden du mit jedem der folgenden Lebensbereiche bist:

1. LIEBE ....
2. BERUF ....
3. FINANZEN ....
4. SPIEL ....
5. FREUNDE ....
6. GESUNDHEIT ....
7. PRODUKTIVITÄT ....
8. LEBENSGEFÜHL ....
9. TENDENZ ....

(In Punkt 9 geht es um die Einschätzung aller Veränderungen im Vergleich zu den Vorjahren. Wie ist die Entwicklungstendenz in meinem Leben?)

Wenn du die Bewertung der einzelnen Lebensbereiche abgeschlossen hast, dann kommentiere schriftlich die Einschätzung, die du gegeben hast. Was ist das Beste in diesem Lebensbereich? Welche Rückschläge hat es gegeben? Was fehlt? Findest du irgendetwas alarmierend? Schreibe für jeden Lebensbereich einen Kommentar, der aus ein paar Sätzen bestehen sollte:

1. LIEBE

....

....

....

2. BERUF

....

....

....

3. FINANZEN

....

....

....

4. SPIEL

....

....

....

5. FREUNDE

....

....

....

6. GESUNDHEIT

....

....

....

7. PRODUKTIVITÄT

....

....

....

8. LEBENSGEFÜHL

....

....

....

9. TENDENZ

....

....

....

....

....

Wähle für Punkt 9 bitte eine längere Zeitperspektive. Vergleiche die Entwicklung im letzten Jahr mit der Entwicklung in den letzten zehn Jahren. Formuliere für jeden Lebensbereich die beobachtete Entwicklungstendenz in diesem Zeitraum.
Und nun beantworte dir bitte folgende Fragen:
- Welche äußeren Veränderungen erscheinen mir ratsam?
- Welche inneren Veränderungen wünsche ich mir?

Kapitel II
Vergeben können

Wenn wir positive Gefühle im Blick auf unsere Vergangenheit haben möchten, dann ist die Kunst des Vergebens außerordentlich wichtig. Wir können lernen, das zu vergeben, was wir nicht mehr verändern können. Aber der Prozess des Vergebens wird uns nicht geschenkt, denn wir haben eine angeborene Neigung, auf Unrecht mit eigenem negativen Verhalten zu reagieren. Wenn wir z. B. von einem Freund verletzt werden, wenn wir von unserem Partner verraten oder von einem Feind angegriffen werden, dann haben wir die automatische Reaktion, diesen Menschen in Zukunft zu vermeiden oder uns an ihm zu rächen.

Rache gehört zu den grundlegenden Motiven menschlichen Verhaltens. Die Tendenz zurückzuschlagen, ist nicht nur kulturell gelernt, sie ist auch biologisch tief in uns verankert. Aber Rache ist selten gerecht. Die Opfer erleben ihre Verletzung als schwerwiegender, als es der Täter tut. Wenn das frühere Opfer sich rächt, dann hat der Missetäter häufig das Gefühl, dass seine Strafe härter ausfällt als seine eigene Aggression es war. So kann es leicht dazu kommen, dass sich ein Kreislauf der Rache entwickelt, der zu immer mehr Unrecht führt. Ein wesentlicher Mechanismus, der den Kreislauf von Vermeidung und Rache durchbrechen kann, ist Vergebung. Vergebung bedeutet, dass wir unsere natürliche negative Reaktion bewusst stoppen und uns dafür entscheiden, positiv zu reagieren.

In den großen Religionen wird das Konzept der Vergebung seit Tausenden von Jahren gepredigt: Weil Gott den Menschen vergeben hat, sollen sie selbst ihren irdischen Schuldigern vergeben. Trotz der hohen Bedeutung, die dem Akt des Vergebens zukommt, haben die Sozialwissenschaften in den letzten hundert Jahren die Vergebung weitgehend ignoriert. Erst in den letzten zwei Dekaden des zwanzigsten Jahrhunderts wurde Vergebung ein wichtiges Thema für Sozialwissenschaft und Psychologie. Zunehmend haben große philanthropische Stiftungen in den USA die wissenschaftliche Erforschung der Vergebung mit großen Geldbeträgen unterstützt.

Was ist Vergebung in psychologischem Sinne? Die meisten Psychologen sehen darin eine positive Veränderung in Gedanken, Gefühlen und im Verhalten des Opfers gegenüber dem Aggressor. Wenn jemand vergibt, dann werden seine Reaktionen im Laufe der Zeit weniger negativ und zunehmend freundlicher.

Wir können die Bereitschaft, Unrecht in ganz verschiedenen Beziehungen zu vergeben auch als eine Charakterstärke betrachten und schließlich auch als eine Qualität von sozialen Gruppen: In bestimmten Gruppen, d. h. in einigen Ehen, Familien oder Gemeinden, gibt es eine höhere Bereitschaft zur Vergebung als in anderen sozialen Strukturen.

Wie wirkt sich die Bereitschaft zur Vergebung auf unsere Persönlichkeit aus? Wissenschaftler haben herausgefunden, dass Menschen, die zu Vergebung bereit sind, weniger unter Angst, Depression oder Feindseligkeit leiden; sie sind weniger narzisstisch; sie nutzen andere weniger aus und verhalten sich einfühlsamer; sie leiden weniger an chronischem Ärger. Positiv ausgedrückt: Sie sind relativ freundlich und sozial eingestellt.

Unsere Bereitschaft zur Vergebung wird normalerweise auch von äußeren Faktoren beeinflusst. Wenn der Täter sich z. B. entschuldigt und Bedauern äußert, fällt es uns in der Regel leichter, ihm zu vergeben. In Beziehungen, die wir schätzen und die wir sonst als befriedigend erleben, sind wir ebenfalls eher bereit zu verzeihen.

In jüngster Zeit ist der Zusammenhang zwischen körperlicher Gesundheit und der Bereitschaft zu vergeben untersucht worden. Die Resultate deuten darauf hin, dass die Bereitschaft zur Vergebung gesundheitliche Vorteile mit sich bringen kann - weniger Stress, weniger Bluthochdruck, eine bessere Immunreaktion. Natürlich haben Therapeuten und Pädagogen die Frage aufgeworfen, welche Interventionen ihren Klienten helfen, leichter vergeben zu können. Erste Studien mit Jugendlichen und jungen Erwachsenen deuten darauf hin, dass die Teilnahme an Kleingruppenprogrammen, in denen der Prozess der Vergebung praktiziert wird, positive Auswirkungen hat. Ein wichtiges Thema in solchen Gruppen ist z. B. die Entscheidung, den eigenen Eltern zu vergeben. Für die Teilnehmer gab es durchaus messbare Fortschritte: Die freundlichere Einstellungen zu Vätern und Müttern führte zu einem höherem Maß an Selbstachtung und Hoffnung, Ängste und Depressionen ließen nach.

Im folgenden Kapitel haben wir Übungen zusammengestellt, die den Prozess der Vergebung unterstützen. In den seltensten Fällen gelingt es, von einem Moment zum anderen vollständig zu vergeben. Wir benötigen einen Lernprozess, der sich in verschiedenen Phasen vollzieht:

Phase 1 - Wir vergegenwärtigen uns unsere Verletzung und konfrontieren uns mit unserem Ärger und unserem Wunsch, den Missetäter zu bestrafen und Rache zu üben.
Phase 2 - Wir erkennen, dass alle früheren Versuche, mit unseren Verletzungen zurechtzukommen, gescheitert sind, und wir entscheiden uns, auf unseren berechtigten Ärger, auf Racheaktionen und Vermeidungsmanöver zu verzichten. Wir entscheiden uns, aus freien Stücken zu vergeben.
Phase 3 - Wir versuchen, Vergebung nicht nur kognitiv zu praktizieren, sondern sie auch emotional zu erleben. Dazu entwickeln wir Einfühlungsvermögen und Mitgefühl mit demjenigen, der uns verletzt oder uns Unrecht getan hat. Wir lernen unseren Schmerz zu akzeptieren und praktizieren neues Verhalten, indem wir dem Betreffenden ein symbolisches Geschenk machen.
Phase 4 - Wir erweitern unsere emotionalen Grenzen, indem wir unser eigenes Bedürfnis nach Vergebung entdecken und uns mit folgenden grundsätzlichen Problemen beschäftigen: Was ist der Sinn des Leidens? Worauf kommt es in meinem Leben an? Welche neuen Möglichkeiten eröffnet mir meine gefühlte Bereitschaft zu vergeben?
Die in diesem Kapitel vorgeschlagenen Übungen verbinden kognitive Elemente mit affektiven. Sie helfen, den Aggressor zu verstehen und Einfühlungsvermögen zu entwickeln; sie beenden den Kampf gegen das Leid und wirken der Gefahr entgegen, dass wir uns langfristig in der Opferrolle einrichten. Am besten wirken diese Übungen, wenn sie in der vorgeschlagenen Reihenfolge über einen längeren Zeitraum praktiziert werden. Vergebung braucht Zeit und kann in der Regel nicht durch Kurzzeitinterventionen erreicht werden.

Übung 1

Krieg und Frieden

Ziele: Um vergeben zu können, müssen wir uns über unsere Verletzungen klar werden. Darum beginnen wir mit einer globalen Übersicht über unsere Kämpfe und über die Verletzungen, die wir davongetragen haben. Wir machen uns Gedanken darüber, wem wir zu vergeben bereit sind und wem gegenüber diese Bereitschaft noch nicht besteht.

Zusammenfassung: Die Teilnehmer machen eine Bestandsaufnahme aller Personen, mit denen sie in ihrem Leben «Krieg» geführt haben. Sie legen zwei Listen an mit Personen, denen sie zu vergeben bereit sind bzw. wo sie diesen Schritt noch nicht tun wollen. Sie können eine dritte Liste anlegen, die ihre wichtigsten Beziehungen enthält. Für jede Person beantworten sie die Frage: «Was will ich bzw. was will ich nicht vergeben?»

Schritt 1: Der Gruppenleiter gibt einen kurzen Ausblick auf die Bedeutung von Vergebung: Wenn wir verletzt werden, haben wir immer zwei Möglichkeiten – wir können uns für Rache entscheiden oder wir können die Vergebung wählen. Vergebung ist in vielen Fällen die weisere Entscheidung, weil dieser Akt dafür sorgt, dass unsere Beziehungen spontan und freundlich sein können. Aber viele Menschen wählen die Haltung des Grolls. Das bringt viele Nachteile mit sich. Wenn sie den Übeltäter wiedersehen, reagieren sie verkrampft und empfinden Stress. Sie versuchen, den Kontakt so kurz wie möglich zu halten, und wenn das nicht möglich ist, kommt es zu Ärger und kleinen Racheaktionen. Und wenn auch solche Racheaktionen nicht möglich sind, wählen wir unbewusst eine Unterwerfungsgeste und gehen in eine depressive Stimmung. Im Allgemeinen ist es besser, wenn wir eine aktive Haltung einnehmen und versuchen, unsere Verletzung zu heilen, indem wir uns für die Vergebung entscheiden.
In dieser Übung können die Teilnehmer herausfinden, wie groß die Zahl ihrer Verletzungen ist und wie groß ihre Bereitschaft zu vergeben.

Schritt 2: Die Teilnehmer betrachten ihr ganzes Leben von der Kinderzeit bis zum heutigen Tag und notieren die Namen der Menschen, mit denen sie bittere Kämpfe ausgetragen haben: Über wen habe ich mich sehr geärgert? Vor wem hatte ich Angst? Wem gegenüber habe ich Schuldgefühle? Wer hat mich beschämt? (5 Minuten)

Schritt 3: Auf einem zweiten Blatt werden zwei Spalten angelegt:
- Wem kann ich noch nicht verzeihen und aus welchem Grund?
- Wem bin ich bereit zu verzeihen und worum geht es dabei?

Die Namen der Personen werden notiert und die Verletzungen, um die es geht. (10 Minuten)

Schritt 4: Auf einem dritten Blatt Papier werden die wichtigsten Partner notiert: Eltern, Geschwister, Freunde, Chefs, Liebespartner, Ehepartner und Kinder. Zu jeder Person wird ein kleines Verzeichnis angelegt, das die Fragen beantwortet: Was will ich diesem Menschen vergeben? Was will ich diesem Menschen noch nicht vergeben? Außerdem sollen stichwortartig die wichtigsten Ereignisse notiert werden, die aus dem Gedächtnis aufsteigen. (10 Minuten)

Schritt 5: Alle diese Notizen werden noch einmal durchgesehen, um folgende Fragen beantworten zu können:
- Welchen Preis bezahle ich für meine Weigerung zu vergeben?
- Welchen Vorteil habe ich durch meinen anhaltenden Groll?
- Welche Verletzung ist besonders belastend für mich? (5 Minuten)

Schritt 6: Die Teilnehmer kommen in Paaren zusammen und tauschen sich aus. Sie versuchen, Antworten auf folgende Fragen zu finden:
- Welches Unrecht, welche Verletzung belastet mich noch immer?
- Was sagt meine Lebensphilosophie über Vergebung?
- Welche Tradition gab es in meiner Kindheitsfamilie, was die Behandlung von Unrecht und Verletzung angeht?

Schritt 7: Auswertung im Plenum:
- Warum kann es hilfreich sein, mit unbeteiligten Personen über Verletzungen, Rachegefühle und Vergebung zu sprechen?
- Warum sind die Positionen von Opfer und Rächer so unfruchtbar?
- Warum kann aktive Vergebung einen Prozess der Heilung einleiten?

Übung 2

Mein Weltbild

Ziele: Wenn wir uns auf einen Prozess der Vergebung einlassen möchten, kann es hilfreich sein, wenn wir unsere eigene philosophische oder spirituelle Theorie untersuchen. Wir laden die Teilnehmer hier ein, in wenigen Sätzen ihr Weltbild zu skizzieren und ihre Antworten auf die «großen Lebensfragen».

Zusammenfassung: Die Teilnehmer schreiben einen Brief an ihr eigenes Kind. Sie stellen sich vor, dass ihr Sohn oder ihre Tochter eine Übergangssituation vor sich hat: Er/Sie kommt zur Schule und wird dort viele neue Beziehungen entwickeln müssen. Der Brief soll dem Kind helfen, besonnen und verantwortlich mit Beziehungen umzugehen. In Quartetten werden diese kurzen Briefe dann vorgelesen und diskutiert.

Schritt 1: Der Gruppenleiter gibt eine kurze Einführung: Jeder von uns hat ein Weltbild, das alle unsere Gedanken über Gerechtigkeit, Gnade, Liebe, über Gott, die Ewigkeit und über moralisches Handeln umfasst. In unserem Weltbild versuchen wir die «großen» Fragen des Lebens zu beantworten: Wie hat sich die Menschheit entwickelt? Wie steht es um das Herz des Menschen? Sind wir im Kern gut, im Kern schlecht oder sind wir ein unbeschriebenes Blatt, das die Gesellschaft gut oder schlecht macht? Wie können wir uns verändern und bessere Menschen werden? Wohin gehen wir, wenn wir sterben?
Unser Weltbild wird teilweise von unserer Kindheitsfamilie geformt, und später entwickeln wir es auf der Basis unserer Lebenserfahrungen weiter, indem wir Ideen aus Philosophie, Religion und dem Zeitgeist aufgreifen.
Eine große Bedeutung hat das Problem der Vergebung. Wir werden selbst anderen Unrecht tun und Verletzungen zufügen, und wir werden unsererseits von anderen ungerecht behandelt und verletzt werden. Wie sollen wir solche Konflikte behandeln? Wie können wir dazu beitragen, dass die Welt besser wird? Ist Vergebung eine Aufgabe

für Schwächlinge? Ist Vergebung ein Zeichen von Charakterstärke und ein Symbol der Hoffnung?

Schritt 2: Die Teilnehmer schreiben einen Brief an Sohn oder Tochter, unabhängig davon, ob sie bereits Kinder haben oder nicht. Sie stellen sich vor, dass das Kind gerade zur Schule kommt, und sie möchten ihm geistige Orientierung geben, indem sie ihm ihr Weltbild skizzieren. Sie vertrauen darauf, dass ihr Kind sich einige dieser Gedanken einprägt und dass sie es ihm leichter machen, mit Gleichaltrigen und Lehrern zurechtzukommen. (20 Minuten)

Schritt 3: Es werden Quartette gebildet, und jeder liest seinen Brief vor. Anschließend Feedback:
- Habe ich von meinen eigenen Eltern etwas Ähnliches bekommen?
- Fällt es mir leicht, mein Weltbild im Zusammenhang darzustellen?
- Welcher Brief hat mir gut gefallen?
- Was ist mein größter Wunsch für mein Kind?
- Welche Anregung hat mir diese Übung gegeben?

Schritt 4: Auswertung im Plenum:
- Wie häufig denke ich selbst über Vergebung nach?
- Wie häufig denke ich über Unrecht nach, das ich anderen zugefügt habe?
- Fällt es mir leicht, mich zu entschuldigen?
- Fällt es mir leicht, dankbar zu sein?

Übung 3

Ärger und Angst

Ziele: Vergebung ist ein komplizierter Vorgang, und sie ist nicht zum Nulltarif zu haben. Oft müssen wir lange und mühsam daran arbeiten, wenn wir nicht bei einer Pseudovergebung stehen bleiben wollen. Um vergeben zu können, müssen wir unsere Gefühle einbeziehen, unseren Schmerz, unsere Bitterkeit, unseren Ärger, unsere Wut, unsere Gefühle von Überlegenheit und Rache.
In dieser Übung haben die Teilnehmer Gelegenheit, die verschiedenen Formen des «Nein!» auszudrücken, mit denen sie Menschen gegenübertreten, die sie verletzen.

Zusammenfassung: Die Teilnehmer wählen einen Menschen aus, auf den sie besonders ärgerlich sind, weil eine Verletzung, die er ihnen zugefügt hat, noch nicht geheilt ist. Sie schreiben ihm einen Brief und drücken all ihre negativen Gefühle aus, die sie in der Vergangenheit empfunden haben, und wenn möglich, übertreiben sie dabei diese Gefühle künstlich. Wichtig: dieser Brief soll nicht abgeschickt werden! Seine Funktion ist auch nicht seelische Entlastung, sondern Einsicht in die Stärke der eigenen negativen Gefühle. Wenn wir diese Gefühle ignorieren, benötigen wir sehr viel Energie, um sie zu unterdrücken.

Schritt 1: Jeder entscheidet sich für eine Person, die ihn stark verletzt hat. Dabei ist es gleichgültig, ob dieser Mensch noch am Leben ist und wie lang die Verletzung zurückliegt. Jetzt ist Gelegenheit, all die Gefühle auszudrücken, die damals vielleicht nicht in vollem Umfang wahrgenommen wurden, und zwar auf eine Weise, die die Beziehung nicht weiter belastet, sondern vielleicht die Einsicht stärkt, dass Vergebung eine gute Möglichkeit wäre, um ein bitteres Kapitel abzuschließen: Die Teilnehmer schreiben einen Brief, in dem sie alle ihre negativen Gefühle ausdrücken können, ja sie haben sogar das Recht zu übertreiben. Sie können ihre Angst ausdrücken, erneut verletzt zu werden, und sie können ihren Ärger über Rücksichtslosigkeit und Grausamkeit zeigen; sie können den Übeltäter verdammen und imaginäre Strafen über ihn verhängen. Der Brief endet, wenn alles ausgedrückt wurde, was zu sagen ist. Am besten ist es, wenn dieser Brief schnell und ohne großes Nachdenken verfasst wird. Es muss keinerlei Rücksicht genommen werden, denn dies soll eine Gelegenheit sein, das ganze Ausmaß der eigenen spontanen Reaktionen zur Kenntnis zu nehmen, die bei dem kritischen Ereignis nur teilweise erlebt werden konnten. (20 Minuten)

Schritt 2: Die Teilnehmer kommen in Paaren zusammen und lesen sich ihre Briefe gegenseitig vor. Sie nehmen dabei die Haltung eines Schauspielers ein, der die Worte dramatisiert und die Gefühle lebendig macht.

Schritt 3: Dann überlegen die Partner, welche anderen Möglichkeiten es für sie gibt, mit vergangenem Unrecht umzugehen. Sie können sich u. a. folgende Fragen vorlegen:
- Empfinde ich im Zusammenhang mit dieser Verletzung Scham oder Schuld?
- Hat der Ärger meine Gesundheit beeinträchtigt?
- Musste ich zwanghaft immer wieder an die Verletzung bzw. an den Aggressor denken?
- Habe ich meine eigene Situation mit der Situation des Aggressors verglichen?
- War die Verletzung so schwerwiegend, dass sie mein Leben verändert hat?
- Hat sich möglicherweise sogar mein Weltbild dadurch verändert?
- Bin ich bereit, dieses Unrecht in nächster Zeit zu vergeben?
- Was würde für Vergebung sprechen?

Schritt 4: Auswertung:
- Welche Erfahrungen habe ich bisher mit schwerwiegenden Verletzungen gemacht?
- Welche Strategien der Auseinandersetzung haben funktioniert? Welche waren unzweckmäßig?
- Sehe ich irgendwelche Alternativen zum Prozess der Vergebung?

Übung 4
Vorbereitung

Ziele: Wenn wir in Erwägung ziehen, uns von Belastungen in der Vergangenheit zu lösen und über unsere Verletzungen hinwegzukommen, dann ist es am besten, wenn wir mit einem einzelnen Menschen beginnen, der uns verletzt hat.
In dieser Übung können sich die Teilnehmer auf den Prozess der Vergebung vorbereiten.

Zusammenfassung: Die Teilnehmer erhalten den Fragebogen «Vorbereitung» und beantworten die einzelnen Fragen schriftlich. Anschließend kommen sie mit einem Partner zusammen, tragen einander ihre Antworten vor und geben sich Feedback.

Schritt 1: Der Gruppenleiter hilft bei der Suche nach einem sinnvollen Start. Normalerweise weiß derjenige, der Vergebung in Betracht zieht, genau, wem er vergeben sollte und wofür. Es gibt jedoch einen Punkt, der vorher abgeklärt werden sollte: War dies das erste Mal, dass du auf diese Weise verletzt wurdest? Wer als Kind stark verletzt wurde, der erlebt später im Leben häufig ähnliche Situationen. Wenn uns unser Vater z. B. nicht gerecht wurde, dann neigen wir dazu, uns Autoritätspersonen zu suchen, die ihm ähneln, weil wir endlich das bekommen möchten, was wir vermisst haben. Die Folge kann sein, dass wir immer neu enttäuscht und verletzt werden. Wenn wir also frischen Ärger auf unseren augenblicklichen Chef empfinden, dann kann es sich dabei um ein Ereignis in einer Kette von ähnlichen Problemen handeln, und die Wurzel unseres Ärgers liegt möglicherweise in unserem Vater. Es ist dann am besten, wenn wir unsere Versöhnungsarbeit bei ihm beginnen.

Schritt 2: Die Teilnehmer lesen sich die Fragen des Teilnehmermaterials durch und schreiben dann 90 Minuten lang ihre Antworten dazu auf. Dieser strukturierte Anfang setzt einen Reflexionsprozess in Gang, der die Aussichten für ein wirksames Vergeben erhöht.

Schritt 3: Nach einer kurzen Pause bilden die Teilnehmer Paare und lesen einander ihre Überlegungen vor. Der Partner hat die Aufgabe, ehrliches Feedback zu geben und dem Autor der Reflexion zu helfen, Selbsttäuschung und Illusionen zu vermeiden.

Schritt 4: Jedes Gruppenmitglied trägt im Plenum in ein paar Sätzen vor, wem er vergeben möchte und aus welchen Gründen.

Teilnehmermaterial «Vorbereitung»

Lies bitte alle Fragen und die Kommentare dazu, ehe du deine Antworten aufschreibst.

1. Wer hat dich verletzt?

Wir sind selten auf eine Gruppe von Menschen böse, in den meisten Fällen konzentriert sich unser Ärger auf eine einzelne Person. Wenn du unsicher bist, stell dir einfach vor, dass die Person, die dich verletzt hat, neben dir auf einem Stuhl sitzt. Wie fühlst du dich dann? Wir können dabei mit dem Menschen anfangen, dem gegenüber wir den stärksten Ärger empfinden. Eine weitere Möglichkeit: Wir beginnen mit den Verletzungen aus der Kindheit und arbeiten uns weiter durch bis zu den Verletzungen der Gegenwart. Mit wem möchtest du beginnen?

2. Wie stark fühlst du dich verletzt?

Wie würdest du die Tiefe deiner Verletzung in einer Skala von 1 bis 10 angeben? – Für ältere Erwachsene kommen die schwersten Verletzungen meist aus ihrer Familie. Sie führen ihre Verletzungen auf Ehepartner, Kinder und enge Verwandte zurück. Jüngere Erwachsene reagieren am empfindlichsten auf Verletzungen durch Liebespartner.

3. Auf welches Ereignis möchtest du dich konzentrieren?

Wenn du weißt, wem du vergeben willst, dann ist es am nützlichsten, wenn du dich auf eine einzelne Verletzung konzentrierst. Es empfiehlt sich, mit der ersten tiefen Wunde in einer Beziehung zu beginnen. Und auch wenn du an eine Beziehung denkst, die schon längere Zeit schwierig ist, dann profitierst du am meisten, wenn du an die Wurzel der Schwierigkeiten zurückgehst.

4. Auf welche Weise wurdest du bei diesem Ereignis verletzt?

Rufe dir alle Einzelheiten ins Gedächtnis:
- Welche Uhrzeit war es?
- Warst du draußen oder drinnen?
- Wie war das Wetter?
- Welche Kleidung trug die andere Person?
- Wie sprach sie mit dir?
- War sie grob, verächtlich oder indifferent?

Je traumatischer ein Ereignis war, desto genauer können wir uns in der Regel daran erinnern.

5. Wer war schuld?

Ist es möglich, dass du zu dem verletzenden Ereignis beigetragen hast? Diese Frage kannst du nachher ausführlich mit deinem Partner diskutieren. Ärger und Schmerz haben vielleicht dein Urteil über deine eigene Schuld getrübt. Wenn du dich sehr schuldig fühlst, dann hast du wahrscheinlich ebenfalls zu dem verletzenden Ereignis beigetragen.

Es kann sein, dass du irgendwann selbst Vergebung erhalten möchtest für die Dinge, die du selbst gemacht hast, selbst wenn du nur mit fünf Prozent an dem Ereignis beteiligt warst und die andere Person für 95 Prozent die Verantwortung trägt. Aber du kannst diesen Wunsch, dich zu entschuldigen, jetzt zurückstellen und später darauf zurückkommen.

Bedenke auch noch folgende Fragen:

- Hast du irgendetwas getan, um die Konfrontation anzuheizen?
- Seid ihr beide wenig sensitiv?
- Hattet ihr beide einen schlechten Tag?

Versuche herauszufinden, ob dein Ärger gerechtfertigt ist.

6. War der andere wirklich unfair?

Die Tatsache, dass wir uns verletzt fühlen, bedeutet noch nicht, dass wir ein Opfer von Ungerechtigkeit geworden sind. Wenn wir z. B. für eine schlechte Leistung im Job kritisiert werden, dann können wir uns verletzt fühlen, aber wir können nicht sagen, dass wir unfair behandelt wurden.

Bitte lege dir für ein abgewogenes Urteil folgende Fragen vor:

- Hast du irgendetwas falsch verstanden?
- Hast du zu schnell entschieden, dass der andere unfair gehandelt hat?
- Waren deine Erwartungen zu hoch?
- Hatte die andere Person einen guten Grund für ihr Verhalten?

Wenn du deine Antworten auf diese sechs Fragen noch einmal betrachtest, hältst du dann daran fest, diesem Menschen vergeben zu wollen? Willst du darauf verzichten, ihn für das zu bestrafen, was er dir angetan hat? Wie wirst du dich fühlen, wenn du den Prozess des Vergebens abgeschlossen hast? Wie wird sich dein Lebensgefühl ändern?

Übung 5

Wie ärgerlich bist du?

Ziele: Die klare Konfrontation mit dem eigenen Ärger ist ein wichtiger Schritt zur Vergebung. So kann verhindert werden, dass aus Ärger chronischer Groll wird und dass die eigene Verletzung zu Racheaktionen führt.

Zusammenfassung: In dieser Übung wenden sich die Teilnehmer an die Person, der sie ggf. vergeben wollen. (Vgl. Übung 4.) Sie schreiben einen Brief, der nicht abgeschickt werden soll, und lassen darin die Person wissen, warum sie ärgerlich sind, wie groß der Ärger immer noch ist und welche Kämpfe sie innerlich führen, um ihr seelisches Gleichgewicht wiederzufinden. Dann kommen die Teilnehmer in Paaren zusammen und lesen einander ihre Briefe vor.

Schritt 1: Ehe wir vergeben können, müssen wir unsere Gefühle spüren. Wir stellen fest, dass das Verhalten uns gegenüber unfair war und immer unfair bleiben wird. Wir sind uns darüber klar, dass wir ein moralisches Recht haben, ärgerlich zu sein; niemand hat das Recht, uns zu verletzen. Wenn wir Vergebung als Möglichkeit ins Auge fassen, dann geben wir etwas auf, worauf wir ein Recht haben, nämlich unseren Ärger und unseren Groll. Paradoxerweise wird Vergebung leichter, wenn wir das ganze Ausmaß unseres Ärgers spüren. Die Aussicht darauf, diese Bürde aufgeben, wird dann um so verlockender und die Erleichterung wird um so stärker empfunden.

Schritt 2: Die Teilnehmer konzentrieren sich auf die Person, der sie vergeben wollen, und versuchen, ihren Ärger zur Kenntnis zu nehmen. Auf einem Blatt Papier beantworten sie folgende Fragen:
- Wenn dein Ärger ein Tier wäre, welches Tier wäre das?
- Wenn dein Ärger eine Pflanze wäre, welche Pflanze wäre das dann?
- Wenn dein Ärger ein Gebäude wäre, welches Gebäude wäre das?
- In welchem Teil deines Körpers wohnt dein Ärger?

Dann schätzen die Teilnehmer die Stärke ihres Ärgers ein. Hat die Verletzung milden Ärger oder hat sie unversöhnlichen Hass hervorgerufen? Auf einer Skala zwischen 1 und 10 soll angegeben werden, wie stark der Ärger immer noch empfunden wird. Als Nächstes soll die Frage beantwortet werden, ob der Missetäter uns an jemanden erinnert, der uns ebenfalls vor langer Zeit verletzt hat, und schließlich soll notiert werden, welche anderen Gefühle mit dem Ärger verbunden sind.
Nach dieser Vorbereitung kann die Konfrontation mit dem eigenen Ärger beginnen. (15 Minuten)

Schritt 3: Die Teilnehmer schreiben einen Brief, der nicht abgeschickt werden soll. Der Brief sollte zwei bis drei Seiten lang sein und an die Person gerichtet werden, von der die Verletzung ausgegangen ist. Es soll mitgeteilt werden:
- Warum fühle ich mich immer noch verletzt?
- Wie stark ist mein Groll immer noch?
- Welches Leid habe ich erlebt durch die Verletzung?
- Welche Überlegungen motivieren mich, über Vergebung nachzudenken? (30 Minuten)

Schritt 4: Die Teilnehmer kommen in Paaren zusammen, lesen sich ihre Briefe vor und besprechen die Übung. (20 Minuten)

Schritt 5: Auswertung:
- Welchen realistischen Nutzen habe ich von meinem Ärger?
- Welche Gefahren drohen mir, wenn mein Ärger chronisch wird?
- Wie groß ist die Gefahr, dass ich direkt oder indirekt Rache üben werde?

Übung 6

Rache ist bitter

Ziele: Wenn wir uns sehr verletzt fühlen, haben wir die Tendenz, unseren Peiniger zu bestrafen, imaginär und in der Realität. Daraus können Schuldgefühle entstehen.
In dieser Übung können sich die Teilnehmer mit ihrem Racheverhalten konfrontieren (im Blick auf eine Person, der sie vergeben wollen).

Zusammenfassung: Die Teilnehmer kommen in Paaren zusammen und bekennen einander, auf welche Weise sie sich für das erlittene Unrecht rächen und wer alles davon betroffen ist.

Schritt 1: Der Gruppenleiter gibt eine kurze Einführung. Wenn wir uns sehr verletzt fühlen, neigen wir dazu, den Missetäter selbst leiden zu lassen. Klassische Methoden sind Vermeidung, Schweigen, Liebesentzug, Herabsetzung, aggressive Bemerkungen, Lächerlichmachen Dritten gegenüber usw. Manchmal stellen wir uns in der Phantasie vor, wie wir diese Person grausam bestrafen. Manche Menschen gehen noch einen Schritt weiter und schaden dem Aggressor durch tatsächliche feindselige Handlungen.
Dieses Verhalten wird von der Volksweisheit teilweise gestützt: «Rache ist süß», heißt es. Aber die emotionale Erleichterung, die dadurch gewonnen wird, ist kurzlebig. Es gibt keine Belege dafür, dass Rache die seelischen Wunden heilen kann, im Gegenteil: Rache vertieft die Spaltung in der Beziehung und führt zu einem Kreislauf von Aggression.

Schritt 2: Die Teilnehmer kommen in Paaren zusammen und entscheiden, wer A und wer B sein soll. Jeder hat zehn Minuten Gelegenheit, über die eigene Rachsucht und sein Racheverhalten zu sprechen. Der Partner, der zuhört, stellt immer wieder die Frage: «Auf welche Weise rächst du dich sonst noch?»

Nach zwanzig Minuten werten die Paare die Übung aus:
- Wer ist alles von meinem Racheverhalten betroffen: nur der Übeltäter oder auch andere Personen?
- Wie wirkt sich mein Rachewunsch auf mich selbst aus?
- In welchem Ausmaß habe ich vorher dem Missetäter selbst Unrecht getan?
- Wann und auf welche Weise habe ich diese Person unfair behandelt? (Diese Frage soll das Verhalten des Missetäters nicht entschuldigen, aber sie kann zu einer gewissen Demut führen und die eigene Rachephantasie mildern.)

Schritt 3: Auswertung im Plenum:
- Welche Praxis gab es in meiner Kindheitsfamilie im Blick auf Rache und Strafe?
- Kenne ich irgendein Beispiel, wo Rache Verletzungen geheilt hat?
- Kenne ich Geschichten von erfolgreicher Versöhnung? Wodurch wurde sie dort möglich?

Übung 7

Ärger kostet Kraft

Ziele: Hier können die Teilnehmer überprüfen, wie häufig sie sich im Alltag mit der Person beschäftigen, die sie verletzt hat, und wie viel Energie und Kreativität durch negative Erinnerungen und Phantasien gebunden wird.

Zusammenfassung: Jeder beschreibt einen durchschnittlichen Tag und schildert, wie häufig er an seine Verletzungen und an den Verursacher denkt. Anschließend werden die Notizen einem Partner vorgelesen. Die Veröffentlichung dieser geheimen Gedanken kann die negative Trance der Erinnerung etwas abmildern.

Schritt 1: Der Gruppenleiter gibt eine kurze Einführung: Chronische ärgerliche Gefühle können unsere Gesundheit beeinträchtigen. Groll erfordert Energie, und diese Energie fehlt uns bei der Bewältigung unseres normalen Tagespensums. Außerdem beeinflusst Ärger den Adrenalinspiegel im Körper und die Chemie unserer Botenstoffe, sodass alle Organe negativ betroffen sein können. Ärger kann krank machen und sogar töten. Er kann zu Magenproblemen führen, zu Kopfschmerzen und zu chronischem Stress.

Schritt 2: Die Teilnehmer stellen sich vor, dass sie sich entschlossen haben, ein Tagebuch zu führen, in dem sie ihre Gefühle und Gedanken festhalten. Sie wählen einen durchschnittlichen Tag aus und notieren, wie oft sie an jenem Tag an die Person denken, von der sie sich verletzt fühlen.

- Zu welchen Tageszeiten geschieht das? Was tun sie dann gerade?
- Welche Gefühle und Gedanken kommen dann auf?
- Werden bestimmte Orte oder Aktivitäten mit dieser Verletzung in Verbindung gebracht?
- Wieweit handelt es sich um Rachephantasien?
- Welche Rolle spielen Sehnsüchte nach Wiederherstellung des alten Zustandes oder nach Versöhnung?

- In welchem Ausmaß fühle ich mich erschöpft?
- Was mache ich mit meinen negativen Gefühlen und Gedanken an einem durchschnittlichen Tag: Versuche ich, sie zu ignorieren? Verstärke ich sie? Versuche ich, ihnen eine positive Richtung zu geben, indem ich über eine mögliche Versöhnung nachdenke? (20 Minuten)

Schritt 3: Die Teilnehmer bilden Paare und lesen einander ihre Notizen vor. Anschließend sprechen sie über die Übung:
- Wie erfolgreich bin ich bisher mit meiner Verletzung umgegangen?
- Ist es an der Zeit, etwas Neues auszuprobieren?
- Was könnte ich an die Stelle von Ärger und Rache stellen?
- Was denke ich im Augenblick über die Chancen, aktiv zu vergeben?

Schritt 4: Auswertung im Plenum:
- Wie hat sich die Verletzung auf meine Gesundheit und mein Wohlbefinden ausgewirkt?
- Welche körperlichen Symptome habe ich entwickelt?
- Wie steht es um meine Lebensfreude?
- Ist es an der Zeit einen neuen Weg einzuschlagen und zu vergeben?

Übung 8

Philosophie der Vergebung

Ziele: Um vergeben zu können, müssen wir Teile unseres aktiven Weltbildes austauschen. Unser aktives Weltbild ist das, was wir wirklich glauben, und das ist nicht immer kongruent mit unserer Theorie von der Welt. Unter Stress orientieren wir uns eher an einer vergleichsweise primitiven Wertordnung, die dann automatisch befolgt wird. Um Teile dieser Orientierung auszuwechseln, brauchen wir viel Zeit und Geduld.
In dieser Übung präsentieren wir den Teilnehmern zwanzig wichtige Merkmale der Vergebung. Die Teilnehmer können sich mit ihnen konfrontieren als Bestätigung, als Herausforderung, als ersten Schritt auf dem Weg zu einer nachhaltigen Vergebung.

Zusammenfassung: Die Teilnehmer lesen die zwanzig Merkmale der Vergebung und wählen drei Punkte aus, die ihre Aufmerksamkeit fesseln und die sie unterschreiben können. Bei jedem Punkt begründen sie, warum die dort getroffene Aussage wahr ist und auf welche Weise diese Aussage zu ihrer emotionalen Erleichterung beitragen kann.

Schritt 1: Der Gruppenleiter gibt eine kurze theoretische Einführung: Vergebung ist der einzige Weg, um die Wunden der Vergangenheit zu heilen, die wir nicht ungeschehen machen können, die wir nicht vergessen können. Vergebung macht aus einer bitteren Erinnerung eine dankbare Erinnerung. Sie verwandelt eine ängstliche Erinnerung in eine mutige Erinnerung, und sie macht aus einer versklavten Erinnerung eine freie Erinnerung; Vergebung erneuert die Selbstachtung, die «ermordet» wurde. Auf einzigartige Weise erzeugt Vergebung in uns die Hoffnung auf eine Zukunft nach der Zerstörung unserer alten Illusionen. Wenn wir vergeben, dann bringen wir Licht dahin, wo vorher Dunkelheit war. Wir ersetzen das Negative durch das Positive. Wir öffnen die Tür für die Möglichkeiten einer Zukunft, die unser Schmerz zugeschlagen hatte. Wenn wir vergeben, gehen wir durch diese Tür in das Land der Möglichkeiten, die darauf warten, dass wir sie realisieren. Wer vergeben möchte, braucht dazu auch eine Philosophie der Vergebung. In dieser Sitzung geht es um Bausteine einer solchen Philosophie.

Schritt 2: Jeder Teilnehmer bekommt eine Kopie des Teilnehmermaterials «Philosophie der Versöhnung». Jeder wählt drei Aussagen aus, die er für wichtig, wahr und für sich persönlich relevant hält. Zu jeder Aussage wird ein Mikro-Essay geschrieben, in dem folgende Fragen beantwortet werden:

- Warum habe ich diese Aussage ausgewählt?
- Warum halte ich sie für wahr?
- Warum ist sie für mich und meine Lebenssituation relevant?
- Welche Argumente könnte ich einem Kritiker nennen, der die Gültigkeit dieser Aussage bezweifelt?

Schritt 3: Die Teilnehmer kommen in Quartetten zusammen und lesen sich ihre Texte vor. Zuerst wird die Aussage vorgelesen, dann der anschließende Essay.
Wenn alle vorgetragen haben, geben sich die Mitglieder des Quartetts Feedback.

Schritt 4: Auswertung im Plenum:

- Welche Aussage gibt mir die meiste Hoffnung?
- Welche Aussage habe ich nicht verstanden?
- Welcher Aussage konnte ich nicht zustimmen?
- Was habe ich in dieser Übung gewonnen?
- Wie fühle ich mich jetzt?

Teilnehmermaterial «Philosophie der Vergebung»

1. Die kreativste Kraft, die dem menschlichen Geist gegeben ist, ist die Kraft, die Wunden der Vergangenheit zu heilen, die nicht ungeschehen gemacht werden können.
2. Wir vergeben in unserem Herzen und in unserem Geist; was diejenigen, denen wir vergeben, daraus machen, hängt von ihnen ab.
3. Der Erste, der von einer Vergebung profitiert, ist derjenige, der vergibt.
4. Vergebung geschieht in drei Stufen: Wir entdecken das menschliche Antlitz der Person, die uns Unrecht getan hat, neu; wir geben unser Recht auf Zorn auf und wünschen diesem Menschen Gutes.
5. Wir vergeben anderen Menschen nur das, was sie tun; wir vergeben ihnen nicht ihren Charakter.
6. Wir vergeben anderen nur, dass sie uns verletzt und Unrecht zugefügt haben. Wir vergeben ihnen niemals Dinge, die sie anderen angetan haben.
7. Wir können Unrecht erst dann vergeben, wenn wir die Person angeklagt haben, die uns Leid zugefügt hat.
8. Vergebung ist wie eine Reise: je tiefer die Wunde, desto länger die Reise.
9. Vergebung bedeutet nicht notwendigerweise die Wiedervereinigung mit dem Menschen, der unser Vertrauen missbraucht hat.
10. Wir vergeben nicht, weil wir vergeben sollen. Wir vergeben, wenn wir bereit sind, uns heilen zu lassen.
11. Wir warten nicht darauf, dass jemand bereut, ehe wir vergeben. Dann würden wir unser Schicksal in die Hände eines Menschen legen, der uns Leid zugefügt hat.
12. Vergebung hat nicht das Ziel, Schmerzen zu vermeiden, sondern Schmerzen zu heilen.
13. Vergebung ist dann am besten, wenn sie ohne Wenn und Aber erfolgt.

14. Wenn ich jemandem vergebe, der mein Vertrauen missbraucht hat, dann bedeutet das nicht, dass ich alles beim Alten lasse.
15. Vergebung ist die einzige Möglichkeit, uns selbst fair zu behandeln.
16. Wer vergibt, lässt nicht alles mit sich machen. Wenn wir jemandem vergeben, dann heißt das nicht, dass wir das akzeptieren, was er tut.
17. Wir suchen keine Entschuldigung für den Menschen, dem wir vergeben, im Gegenteil, wir klagen den Menschen an, dem wir vergeben.
18. Das Wichtige ist die Vergebung. Darüber zu sprechen, ist möglich, aber nicht notwendig.
19. Wenn ich vergebe, befreie ich einen Gefangenen und entdecke, dass ich mich selbst befreit habe.
20. Wenn wir vergeben, handeln wir in Übereinstimmung mit dem vergebenden Gott.

Übung 9

Eine neue Richtung einschlagen

Ziele: Wenn wir anderen vergeben, die uns verletzt haben, dann brauchen wir dafür fast immer längere Zeit. Vergebung ist ein Prozess, bei dem wir Teile unseres Weltbildes aufgeben müssen. Immer wieder hören wir jene alten Stimmen in uns, die unseren Groll wachhalten. Darum ist es wichtig, unseren inneren Widerstand ernst zu nehmen und seine Argumente zu überprüfen. In dieser Übung können die Teilnehmer ihre Strategien untersuchen, die sie bisher erfolglos angewendet haben.

Zusammenfassung: Die Teilnehmer schreiben einen zweiteiligen Essay. Im ersten Teil erfolgt eine Überprüfung ihrer bisherigen Lösungswege. Im zweiten Teil skizzieren sie, wieweit ihr Weltbild Platz hat für Mitgefühl und den Verzicht auf Rache.
Anschließend kommen die Teilnehmer in Paaren zusammen und lesen sich gegenseitig ihre Essays vor.

Schritt 1: Der Gruppenleiter beginnt mit einigen häufig gestellten Fragen:

1. Wie unterscheiden sich Zorn und Groll? – Ärger ist die spontane Reaktion auf eine Verletzung und hat eine moralische Qualität. Im Alten Testament wird Gott häufig als zornig beschrieben, wenn die Israeliten seine Gebote übertreten hatten. Auch Jesus bekundete häufig Zorn, wenn die Priester das Gesetz mehr liebten als ihren Nächsten, der gesündigt hatte. Groll dagegen ist die Erinnerung an den Ursprungszorn. Wir denken an die Verletzung und erleben den Schmerz erneut. Zorn ist wie eine heiße Flamme, und Groll ist wie glühende Kohle. Unser Gedächtnis ist so konstruiert, dass wir die Erinnerung an altes Unrecht ein Leben lang wachhalten können. Wenn wir uns auf Vergebung einlassen, dann nehmen wir dem Groll seine Kraft, weil wir etwas Neues entdecken, nämlich Mitgefühl.

2. Ist Vergeben mehr als abgeschwächter Groll? – Wenn wir den Prozess der Vergebung erfolgreich abgeschlossen haben, dann sind unsere negativen Gefühle gegenüber dem Übeltäter schwächer, unsere negativen Gedanken verfolgen uns weniger stark, negatives Verhalten wird seltener. Wir verzichten darauf, dem Übeltäter böse Motive zuzuschreiben und betrachten ihn nicht länger als eine boshafte und schreckliche Person. Wir haben uns von dem Zwang befreit, dem Übeltäter aus dem Weg zu gehen, Rachepläne zu schmieden oder schlecht über ihn zu reden; wir haben etwas Neues entwickelt, nämlich positive Gefühle, positive Gedanken und positives Verhalten ihm gegenüber. Das Spektrum der positiven Gefühle reicht von Respekt bis zu (erneuter) Liebe. Wir wünschen dem uns gegenüber Schuldigen, dass es ihm gut gehen möge, und wir erkennen an, dass er genauso wertvoll ist wie wir selbst. Positives Verhalten kann ganz einfach sein, wie z. B. ein Lächeln, und es kann anspruchsvoll sein, wie die Bereitschaft, den Lernprozess des Schuldigen zu unterstützen.
3. Was muss ich tun, wenn ich mich für Vergebung entscheide? – Wenn ich vielleicht viele Jahre schon Groll mit mir herumtrage und wenn mir schreckliches Unrecht geschehen ist, dann erscheint mir der Gedanke, dass ich Mitgefühl und Wohlwollen für den Verursacher meiner Verletzung entwickeln soll, ziemlich absurd. Es ist daher hilfreich, Vergebung als Prozess zu betrachten. Ich beginne ganz, ganz klein. Es ist auch nicht notwendig, dass ich persönlichen Kontakt zu der Person aufnehme, der ich vergeben will, aber ich kann z. B. beschließen, keine abfälligen Bemerkungen mehr über sie zu machen. Gleichzeitig stelle ich mich darauf ein, mich nicht darauf zu beschränken, nur meine negativen Reaktionen einzudämmen. Ich warte vielmehr darauf, dass positive Gefühle die Beziehung verändern können.

Schritt 2: Der Gruppenleiter verteilt das Teilnehmermaterial «Eine neue Richtung einschlagen», und die Teilnehmer haben eine halbe Stunde Zeit für einen zweiteiligen Essay.

Schritt 3: Die Teilnehmer bilden Paare und lesen einander ihre Essays vor. Dieser Schritt ist wichtig, weil kommunikative Offenheit die neuen Gedanken und die neue Einstellung konsolidiert.

Schritt 4: Auswertung:

- Auf welche Weise werde ich selbst in Zukunft von dem Prozess der Vergebung profitieren?
- Wer außer mir wird Vorteile davon haben, dass ich mich verändere?
- Welches Adjektiv beschreibt am besten meinen Zustand am Ende des Prozesses der Vergebung?
- Welche persönlichen und politischen Beispiele fallen mir ein für gelungene Versöhnungen?

Teilnehmermaterial «Eine neue Richtung einschlagen»

Bitte verfasse einen kurzen Essay in zwei Teilen:

Erster Teil:
Schreibe alle Lösungswege auf, die du in der Vergangenheit ausprobiert hast, um mit einer Verletzung fertig zu werden. Dann nimm eine Einschätzung vor für jeden Lösungsweg und beurteile seine Effektivität auf einer Skala von 1 bis 10 (10 = eine optimale Lösung). Beschreibe deinen gegenwärtigen emotionalen Zustand im Blick auf die Person, die dich verletzt hat.
- Welche Gefühle hast du dieser Person gegenüber?
- Wie ist dein Lebensgefühl zur Zeit?
- Bist du glücklich? Fühlst du dich ausgeglichen? Bist du optimistisch?
- Ist es Zeit für eine Veränderung?

Zweiter Teil:
- Was spricht dafür, dass du in eine neue Richtung gehst und dich dafür entscheidest zu vergeben?
- Hat dein Weltbild Platz für Mitgefühl und Verständnis?
- Welche Erfahrungen hast du bisher damit gemacht, anderen zu vergeben?
- Für welche Ungerechtigkeiten und Verletzungen ist dir selbst vergeben worden?
- Wieweit bist du bereit, auf dein Recht auf Rache zu verzichten?
- Was wird deiner Meinung nach am schwersten für dich sein, wenn du dich auf den Prozess der Vergebung einlässt?

Übung 10

Ein positives Weltbild

Ziele: Der Prozess der Versöhnung, wie wir ihn hier empfehlen, hat ein kognitives Fundament. Darum veranlassen wir die Teilnehmer immer wieder, ihre Gedanken im Blick auf eine Versöhnung schriftlich zu formulieren und anschließend anderen ihre Texte vorzutragen. Auf diese Weise kann das neue «Weltbild» mit der Zeit seine Fremdheit verlieren und Bestandteil des Alltags werden.

Zusammenfassung: Die Teilnehmer schreiben einen Brief an einen fiktiven Adressaten, der nicht an Vergebung glaubt. Diesem Skeptiker soll die eigene Position deutlich gemacht werden. Anschließend werden Quartette gebildet, und jeder liest seinen Brief vor.

Schritt 1: Der Gruppenleiter beginnt mit einer Würdigung dessen, was es heißt zu vergeben: Vergeben ist ein Paradox, etwas, das manchmal unlogisch erscheint – ich soll Mitgefühl entwickeln für einen Menschen, der mich verletzt und geschädigt hat. Ist das nicht eine Einladung, neues Unrecht an mir zu begehen? – Es gibt eine Menge Missverständnisse im Blick auf Vergebung. Vergebung ist mehr als Psychohygiene. Manche glauben, dass der Hauptpunkt darin besteht, dass wir akzeptieren, was geschehen ist; aber das trifft nicht zu. Wenn wir uns z. B. an die Geschichte von Josef und seinen Brüdern erinnern, dann wissen wir, dass Josef liebevoll für seine Brüder sorgte, als sie ihm in Ägypten wieder begegneten. Vergeben geht weit über bloßes Akzeptieren hinaus. Das Beispiel aus dem Alten Testament zeigt, dass hier brüderliche Liebe dazugekommen ist.
Manche Menschen glauben, dass das Ziel der Versöhnung darin besteht, nicht mehr zu grollen. Aber in Wirklichkeit ist das nur ein Nebenprodukt. Wenn wir dabei stehen bleiben, werden wir leicht wieder rückfällig. Jede neue Frustration würde unseren alten Ärger neu entfachen. Manche Menschen glauben, dass Neutralität gegenüber demjenigen, der uns verletzt hat, das entscheidende Ziel der Vergebung ist. Aber das ist nicht so. Vielleicht ist Neutralität ein Schritt in dem

Prozess, aber nicht das Ziel. Das Ziel der Vergebung besteht in positiven Gefühlen und Gedanken gegenüber dem Missetäter. Josef war nicht neutral gegenüber seinen Brüdern, sondern er umarmte sie in tiefer Liebe und Loyalität. Der Vater des verlorenen Sohnes ließ ein Fest vorbereiten, um den in der Fremde gescheiterten Sohn zu ehren. Es gibt Menschen, die uns raten, wir sollen vergeben, damit wir uns gut fühlen. Glückliche Gefühle möchte jeder haben, und Vergebung trägt zu unserem emotionalen Wohlbefinden bei. Aber Vergebung erschöpft sich nicht in der Sorge für sich selbst. Irgendwo auf dem Weg der Vergebung erlebt jeder, der ernsthaft verzeihen will, dass der Fokus des Denkens von ihm selbst zu dem ehemaligen Feind wandert. Wenn wir anfangen uns Sorgen um den Übeltäter zu machen, beginnt unsere Heilung. Vergebung hat mehr mit Nächstenliebe zu tun als mit Psychohygiene. Es ist auch eine ethische Position.

Schritt 2: Die Teilnehmer schreiben einen zweiten Brief an einen weiteren Menschen, der keinen Sinn in der Vergebung sieht. Vielleicht ist das jemand, der an das Recht des Stärkeren glaubt, an den Zufall und an die unüberbrückbare Einsamkeit des Menschen. Für diesen Zweifler sollen die Teilnehmer ihre Position deutlich formulieren. Sie sollen ihm erzählen, warum sie sich für Vergebung entschieden haben, warum Vergebung für sie wichtig ist, warum sie einen tiefen Sinn darin erblicken; aber sie sollen auch ehrlich sein und beschreiben, womit sie Schwierigkeiten haben. Und vor allem soll erklärt werden, warum Mitgefühl, Geduld und Verständnis für andere eine zentrale Rolle im Prozess der Vergebung spielen. (20 Minuten)

Schritt 3: Es werden Quartette gebildet, und die Gruppenmitglieder lesen sich ihre Essays vor. Anschließend Feedback und Auswertung:
- Welche Menschen haben Verständnis für meine neue Position?
- Welche Menschen werden mir mit Unverständnis, Zweifel und Herablassung begegnen?
- Verfüge ich über irgendeine Charakterstärke, die mich im Prozess des Vergebens unterstützen kann?

Schritt 4: Auswertung im Plenum:
- Wenn die ganze Wegstrecke zur Vergebung aus zehn Schritten bestünde, wie viele Schritte habe ich dann bis heute zurückgelegt?

Übung 11

Wir entscheiden uns für Vergebung

Ziele: Die Teilnehmer kommen zu einem Ritual zusammen. Soweit sie dazu bereit sind, entscheiden sie sich in der Öffentlichkeit der Gruppe, zu vergeben und auf Rache zu verzichten. Dieser Zwischenschritt markiert eine Zäsur und unterstreicht, dass Vergebung ein freier Akt in einem Prozess ist, den wir jederzeit rückgängig machen oder anhalten können.

Zusammenfassung: Der Gruppenleiter beginnt das Ritual mit einer Beschreibung des Ziels. Dann notieren die Teilnehmer auf Kärtchen alle Aktionen, Gedanken und Rachephantasien, mit denen sie in der Vergangenheit den Menschen bestraft haben, der sie verletzt hat. Im Rahmen des Rituals erklärt jeder seine Entscheidung, zu vergeben und auf Rache zu verzichten. Die Kärtchen werden symbolisch verbrannt.

Schritt 1: Wir sind heute hier zusammengekommen, um vor dieser Gruppe unsere Entscheidung zu erklären, warum wir vergeben möchten. Mit dieser Entscheidung beginnen wir den Prozess der Vergebung. Er findet damit keinen Abschluss.
Es ist unsere freie Entscheidung, ob wir vergeben möchten. Wir sind nicht moralisch verpflichtet, es zu tun. Es ist dazu nicht notwendig, dass der Schuldige sich bei uns entschuldigt hat, und es ist auch nicht nötig, dass wir ihm bereits wieder vertrauen. Und wir müssen uns auch keine Gedanken darüber machen, wie schwerwiegend die Verletzung oder Schädigung war. Es gibt keine Handlung, die nicht vergeben werden kann. Wir können unsere Vergebung auch auf die Toten ausdehnen. Gerade ihnen gegenüber kann es außerordentlich befreiend sein, wenn wir die Tür zur Versöhnung öffnen. Und wir sind uns bewusst, dass wir *das Recht* haben zu vergeben. Wer immer verletzt worden ist, kann vergeben, aber wir können nur das vergeben, was uns persönlich angetan wurde. Und wir dürfen auch dann vergeben, wenn wir selbst zu der Verwicklung beigetragen und den Betreffenden unsererseits zuvor gereizt, verletzt oder gedemütigt haben.

Im Rahmen dieses Rituals wollen wir das Bekenntnis ablegen, dass wir uns für Vergebung entschieden haben. Aber wir können dieses Bekenntnis jederzeit widerrufen, wenn uns der Prozess der Vergebung zu schwer erscheint.
Heute erklären wir unsere Bereitschaft zu vergeben, und das bedeutet, dass wir eine rezeptive und vertrauensvolle Haltung einnehmen. Wir wollen uns Zeit nehmen für den Prozess der Vergebung, den wir nicht beherrschen und willentlich steuern können. Wir schaffen die Voraussetzung für eine Veränderung in unserem Herzen, und wir lassen es offen, zu welchem Zeitpunkt wir die Worte sprechen können: «Heute kann ich dir vergeben.» Wir haben keine Kontrolle über diesen Heilungsprozess. Die Heilung emotionaler Verletzungen braucht Zeit, aber in diesem Bekenntnis bekunden wir unseren Willen, auf unser Recht auf Ärger und Rache zu verzichten. Wir werden auch auf indirekte Rache verzichten, indem wir den «Übeltäter» vor Leuten schlecht machen, die von unserer Verletzung nichts wissen. Und wir werden auch auf die subtile Form der Rache verzichten, moralische Überlegenheit für uns in Anspruch zu nehmen, weil wir ja bereit sind zu vergeben.
Bei unserer Zeremonie heute geht es nur um den einen Schritt, dass wir auf jede Form der Rache verzichten. Es geht noch nicht darum, dass wir Mitgefühl, Wohlwollen oder Liebe empfinden oder entwickeln.

Schritt 2: Damit diese Entscheidung leichter fällt, soll jeder noch einmal eine Bestandsaufnahme seiner Rache- und Sabotageakte aus der Vergangenheit vornehmen. Nehmt euch einige Kärtchen und notiert alle Handlungen und Gedanken, mit denen ihr bisher den Missetäter bestraft habt. (10 Minuten)

Schritt 3: Der Gruppenleiter stellt einen kleinen Tisch mit einer Kerze und einer passenden Metall- oder Keramikschale in die Mitte des Kreises, in der die Kärtchen dann verbrannt werden können. Dann erklärt er den Gruppenmitgliedern das Ritual:
Immer einer von euch kann in die Mitte gehen, um sich dort feierlich zu seiner Entscheidung zu bekennen, indem er z. B. sagt: «Heute entscheide ich mich, XY zu vergeben. Ich werde auf jede Form direkter und indirekter Rache verzichten. Zum Zeichen, dass es mir ernst ist,

werde ich die Kärtchen, auf denen ich mein Rache-Repertoire skizziert habe, verbrennen.»
Wir anderen nehmen innerlich Anteil, konzentrieren uns auf die Flamme der Kerze und lassen uns von ihr inspirieren – zur Klarheit des Denkens, zur Überwindung unserer alten Vorurteile und zum Vertrauen darauf, dass Hass nicht das letzte Wort sein muss.

Schritt 4: Wenn alle Teilnehmer in der Mitte waren, beendet der Gruppenleiter das Ritual. Die Teilnehmer stellen sich eng um den Tisch mit der Kerze, und der Gruppenleiter sagt etwa: «Wir alle haben die Entscheidung jedes Gruppenmitglieds gehört zu vergeben. Wir alle wollen darauf verzichten, Böses mit Bösem zu vergelten, und wir vertrauen darauf, dass die Erinnerung an dieses Ritual uns auf unserem Weg hilft. Jetzt können wir diese Zeremonie beenden, indem wir gemeinsam die Flamme ausblasen.»

Schritt 5: Statt einer Auswertung endet die Sitzung mit einem Blitzlicht: Jeder Teilnehmer erklärt, mit welcher Stimmung und mit welchen Gedanken er aus dieser Sitzung geht.

Übung 12

Biografie meines Schuldigers

Ziele: Mit dieser Übung beginnen wir drei Aktivitäten, die Empathie für den Schuldiger entwickeln sollen. In dieser Übung wenden wir uns an die Emotionen der Teilnehmer, und wir versuchen, positive Assoziationen zu der Person in uns wachzurufen, die uns verletzt hat. In «Biografie meines Schuldigers» geht es nicht darum, mildernde Umstände zu finden, sondern Verständnis für die Person. Für die Tat als solche gibt es kein Pardon.

Zusammenfassung: Die Teilnehmer beschreiben das Leben des Menschen, der sie verletzt hat. Die Texte sollen im Plenum vorgetragen werden. Das gemeinsame Hören schafft eine sehr emotionale Gruppenatmosphäre mit Nachdenklichkeit, Trauer und Hoffnung.

Schritt 1: Der Gruppenleiter gibt eine kurze Einleitung: Bisher haben wir uns vor allem auf unseren eigenen Ärger konzentriert. Jetzt verändern wir die Perspektive und konzentrieren uns auf die Person, die uns verletzt hat, und schreiben ihre Geschichte auf. Vielleicht entdecken wir dabei auch Ähnlichkeiten mit unserem eigenen Leben.

Schritt 2: Nimm dir Papier und Bleistift und schreibe die Geschichte des Menschen auf, dem du vergeben willst. Beginne mit dem Kind und dem Jugendlichen, ehe du den Erwachsenen skizzierst. (Die meisten von uns verfügen über diese Informationen, weil die Menschen, die uns am stärksten verletzen können, uns fast immer sehr nahestehen.) Welche Kämpfe hatte dieses Kind zu bestehen? Schließe einige Beispiele in deine Geschichte ein, die es möglich machen, seine innere Welt zu verstehen. Wovor hatte dieser Mensch Angst? Wurde dieser Mensch selbst schwer verletzt? Wie zeigte er Trauer?
Beschreibe dann die Verletzlichkeit dieses Menschen, die sich aus seiner Lebensgeschichte, aus seinem Temperament und seiner genetischen Anlage ergab.
Wenn du über keine genauen Informationen verfügst, dann kannst du

versuchen, Teile dieser Lebensgeschichte intuitiv zu rekonstruieren. Schreibe auf, wie es deiner Meinung nach gewesen sein könnte.
Und alle sollen sich darüber klar sein, dass es hier um Verständnis geht, nicht um eine Entschuldigung. Vielleicht erlebt der eine oder andere auch Gedanken folgender Art: Auch ich habe einen Schatten, und unter gewissen Umständen wäre ich selbst in der Lage, verletzende, aggressive oder grausame Dinge zu tun. (30 Minuten)

Schritt 3: Die Teilnehmer lesen ihre Notizen im Plenum vor und teilen dann mit, wie sich das Schreiben auf sie ausgewirkt hat. Nach jeder Biografie können sich die Gruppenmitglieder kurz austauschen.

Schritt 4: Auswertung im Plenum:
- Wie leicht fällt es mir, mich mit anderen zu identifizieren?
- Welche Fragen wurden für mich aufgeworfen?
- Welche anderen Möglichkeiten habe ich, etwas über das Leben und die innere Welt meines «Schuldigers» herauszufinden?

Übung 13

Die Geschichte unserer Beziehung

Ziele: Wenn wir von Menschen verletzt werden, mit denen uns eine längere Beziehung verbindet, dann führt das leicht dazu, dass wir die gemeinsame Geschichte negativ beschreiben und alle positiven Erfahrungen ausklammern. Auf diese Weise ersparen wir uns kognitive Dissonanzen und das mühsame Balancieren zwischen Liebe und Hass. Hier soll die Geschichte der Beziehung zu dem Menschen, der uns verletzt hat, in höchster Fairness aufgezeichnet werden, mit Licht und Schatten.

Zusammenfassung: Die Teilnehmer skizzieren die Geschichte ihrer Beziehung, wie sie vor der Verletzung und nach der Verletzung gewesen ist. Anschließend werden die Notizen im Plenum vorgetragen.

Schritt 1: Der Gruppenleiter leitet die Übung ein: Wenn wir verletzt werden, neigen wir dazu, die Geschichte der Beziehung hauptsächlich negativ zu erzählen. Wir vergessen gerade bei engen Beziehungen leicht, dass wir den Übeltäter auch gemocht oder sogar geliebt haben. In dieser Sitzung wollen wir uns mit der Geschichte dieser Beziehung beschäftigen und uns beim Aufschreiben um Objektivität und Fairness bemühen.

Schritt 2: Schreibe die Geschichte der Beziehung zu dem Menschen, der dich verletzt hat, auf. Wie lange hast du diesen Menschen gekannt? Was hast du mit ihm in guten Zeiten erlebt? Worin bestanden seine Fähigkeiten? Über welche Charakterstärken verfügte diese Person? Beschreibe wenigstens drei Situationen, in denen die betreffende Person ein gutes Urteil und einen starken Charakter gezeigt hat, und beschreibe zwei Situationen mit ihr, an die du dich gern erinnerst.
Wenn du den «Übeltäter» vor der Verletzung nicht gekannt hast, dann kannst du etwas anderes versuchen: Stell dir vor, dass er dir vom Schicksal gesandt wurde, damit du etwas Wichtiges lernst. Beschreibe eine Diskussion zwischen einem Engel und dem Teufel, bei der es

darum geht, deine Verletzung zu planen. Wer plädierte dafür und wer dagegen und mit welchen Argumenten? (30 Minuten)

Schritt 3: Die Teilnehmer lesen ihre Notizen vor. Nach jedem Text soll eine kurze Zeitspanne für Feedback aus der Gruppe eingeräumt werden.

Schritt 4: Auswertung im Plenum:
- Was habe ich in dieser Sitzung gelernt?

Übung 14

Ein unerwarteter Brief

Ziele: Hier geht es um Einfühlung in die Lebenssituation des Übeltäters zur Zeit seiner verletzenden Aktion. Um die Identifikation voranzutreiben, bitten wir die Teilnehmer um einen Perspektivenwechsel. Sie sollen versuchen, diese Situation aus der Erlebnisperspektive desjenigen zu beschreiben, der sie verletzt hat.

Zusammenfassung: Die Teilnehmer schreiben einen fiktiven Brief an sich selbst im Namen der Person, die sie verletzt hat. In diesem Brief bemüht sich der «Übeltäter» um eine faire Darstellung seiner Situation.

Schritt 1: Der Gruppenleiter eröffnet die Sitzung: Es ist ganz natürlich, dass Menschen, die verletzt wurden, ihre Verletzung übertreiben und die eigene Rolle vor allem positiv sehen. Andererseits sind Menschen, die Unrecht begangen haben, daran interessiert, ihre Tat zu verharmlosen, um besser dazustehen. Eine gerechte Würdigung des gesamten Geschehens zwischen Opfer und Aggressor kann sehr schwierig sein. Damit unser eigenes Urteil nicht so hart ausfällt, können wir versuchen, die Dinge ab und zu aus der Perspektive des anderen zu sehen.

Schritt 2: Jeder Teilnehmer schreibt einen fiktiven Brief, in dem der Übeltäter sein Leben zur «Tatzeit» beschreibt. Stand er unter Druck? Wodurch? Wie waren seine Lebensumstände? Wie sah er seine Zukunft? Fühlte er sich unglücklich? Was dachte er dabei? Auf welche Weise drückte sich seine Unsicherheit und Verletzlichkeit in der Tat aus? In welcher Weise spielte die Vorgeschichte eine Rolle? (20 Minuten)

Schritt 3: Die Teilnehmer lesen ihre Briefe im Plenum vor und bekommen von der Gruppe Feedback.

Schritt 4: Auswertung im Plenum:
- Wie leicht ist es mir gefallen, mich mit dem «Übeltäter» zu identifizieren?
- Habe ich dabei etwas Neues entdeckt?
- Wo gibt es Ähnlichkeiten zwischen mir und dem «Übeltäter»?
- Welches sind die wesentlichen Unterschiede?
- Macht diese Sitzung es mir leichter, an meinem Willen zur Vergebung festzuhalten?

Übung 15

Mini-Meditation

Ziele: Einfühlungsvermögen, Sympathie und Mitgefühl für den Menschen zu entwickeln, von dem die Verletzung ausgegangen ist, wird leichter möglich, wenn derjenige, der vergeben möchte, mehr Zugang hat zu seinen weichen, liebevollen Gefühlen. In dieser Übung können sehr schnell positive Gefühle entwickelt werden durch eine Kombination von Atemübung und kurzer Meditation.

Zusammenfassung: Die Teilnehmer atmen entspannt und konzentrieren sich acht Atemzüge lang auf das Gefühl von Dankbarkeit.

Schritt 1: Diese kurze Atemmeditation kannst du jeden Tag vier bis fünf Mal wiederholen, wenn du ein paar Minuten Zeit für dich selbst hast. Sie erfrischt und verhilft zu einer ausgeglichenen Stimmung.

Schritt 2: Bitte setz dich bequem hin und schließ die Augen. Gib deinem Körper die Erlaubnis, sich zu entspannen, und richte deine Aufmerksamkeit zunächst auf deinen Atem. Bemerke einfach, wie du atmest... Vielleicht stellst du fest, dass deine Art zu atmen sich ganz von selbst etwas ändert, ohne dass du dich dabei anstrengen musst... Bemerke, wie dein Atem strömt, ohne dass du irgendetwas tun musst. Schenk dir noch ein paar solcher tiefen, erfrischenden Atemzüge.

Schritt 3: Wenn du gleich weiteratmest, dann sage bitte bei jedem Einatmen das Wort «Danke». Denke daran, dass jeder Atemzug ein Geschenk des Lebens ist und wie glücklich du bist, dass du lebst, dass du dich bewegen kannst, dass du Schönheit und Liebe empfindest. Vielleicht möchtest du dir vorstellen, dass die Dankbarkeit für alles, was dir gegeben ist, in deinem Herzen wohnt. Stell dir vor, dass sich bei jedem Einatmen dein Herz öffnet und dass es beim Ausatmen etwas Dankbarkeit in unsere Welt fließen lässt. (8 Atemzüge)

Schritt 4: Kehre nun wieder zu deinem normalen Atem zurück. Reck und streck dich, öffne die Augen und sei wieder hier, erfrischt und wach.

Übung 16

Einfache Herz-Meditation

Ziele: Dies ist eine etwas längere Meditation, die es den Teilnehmern gestattet, positive Gefühle und Assoziationen zu erleben. Auch sie beruht auf der Vorstellung, dass friedliche und liebevolle Gefühle in unserem Herzen wohnen.

Zusammenfassung: Wir atmen fünf Minuten entspannt und konzentrieren uns auf den Prozess des Atmens; dann erinnern wir uns an irgendeinen Menschen, mit dem wir Gefühle von Liebe, Schönheit und Ruhe verbinden können. Wir erleben diese Gefühle erneut. Nach zehn Minuten Rückkehr zum Alltagsbewusstsein.

Schritt 1: Diese Übung solltest du jeden zweiten Tag durchführen. Sie entspannt dich und gibt dir Sicherheit und Geborgenheit. Sie erinnert dich daran, dass es Menschen gibt, die du lieben kannst.

Schritt 2: Bitte setz dich bequem hin und schließ die Augen. Gib deinem Körper die Erlaubnis, sich zu entspannen, und richte deine Aufmerksamkeit zunächst auf deinen Atem. Bemerke einfach, wie du atmest... Vielleicht stellst du fest, dass deine Art zu atmen sich ganz von selbst etwas ändert, ohne dass du dich dabei anstrengen musst...

Schritt 3: Bleibe mit deiner Aufmerksamkeit bei deinem Atem, der in dich hereinströmt und dann wieder hinaus. Wenn du einatmest, gestatte der Luft, deinen Bauch sanft nach vorn zu drücken, und wenn du ausatmest, dann sorge dafür, dass dein Bauch sich ganz weich anfühlt. (3–5 Minuten)

Schritt 4: Lass nun in deinem Geist die Erinnerung an irgendeinen Menschen aufsteigen, dem gegenüber du starke Liebe empfunden hast. Wenn du willst, kannst du dich auch an ein Erlebnis in der Natur erinnern, wo du Schönheit und Frieden der Landschaft genossen hast.

Schritt 5: Wenn das Bild dieser Erinnerung ganz deutlich vor dir steht, dann lass die alten Gefühle von Frieden und Liebe wieder in dir aufsteigen. Stell dir vor, dass diese positiven Gefühle dein ganzes Herz ausfüllen. Empfinde diese angenehmen Gefühle eine Zeit lang. Wenn du bemerkst, dass neue Gedanken und Bilder in deinem Geist auftauchen, dann lass sie los und sieh, wie sie weiterziehen und verschwinden. Kehre zurück zu deinem Atem und zu den Gefühlen von Schönheit und Liebe in deinem Herzen. Wenn du willst, kannst du diesen Gefühlen in deinem Herzen auch dadurch Beachtung schenken, dass du sie in Abständen benennst, indem du einfach sagst: LIEBE... SCHÖNHEIT... FRIEDE... (10 Minuten)

Schritt 6: Komm nun mit deiner Aufmerksamkeit wieder hierher zurück, reck und streck dich ein wenig, atme einmal tief aus, öffne deine Augen, schau dich im Raum um, erfrischt und wach.

Übung 17

Mitgefühl

Ziele: In der folgenden Übung geht es um die Vertiefung der positiven Gefühle für die Person, der wir vergeben wollen.

Zusammenfassung: Wir benutzen schnelles, automatisches Schreiben, um herauszufinden, welche Gefühle wir zu diesem Zeitpunkt für die Person empfinden, die uns verletzt hat. Dann lernen die Teilnehmer eine einfache, geleitete Phantasie kennen, die ihnen hilft, positive Gefühle mit dem Aggressor zu verbinden.

Schritt 1: Nimm dir ein Blatt Papier und schreibe fünf Minuten lang auf, welche Gefühle du in diesem Augenblick bemerkst, wenn du an den Menschen denkst, dem du vergeben möchtest. Schreibe ohne Pause alles auf, was dir durch den Sinn geht. (5 Minuten)

Schritt 2: Stopp bitte und analysiere kurz, was du geschrieben hast:
- Hast du bereits einige positive Gefühle notiert?
- Sind die negativen Gefühle nicht mehr ganz so scharf, wie am Anfang deines Lernprozesses?
- Was hast du in deinem Körper bemerkt, während du geschrieben hast? (3 Minuten)

Du kannst diese Technik in den nächsten Wochen jeden Tag anwenden, wenn du fünf Minuten Zeit hast. Du hilfst dir selbst, wenn du deine Gefühle zur Kenntnis nimmst, ohne sie zu zensieren, wenn du sie einfach aufmerksam betrachtest. Auf diese Weise können sich die Gefühle verändern, und du kannst zu einer ruhigen, friedlichen Stimmung zurückkehren.

Schritt 3: Hier eine weitere Möglichkeit, wie du deinen Zorn begraben und Freundlichkeit für denjenigen entwickeln kannst, der dich verletzt hat: Bitte setz dich bequem hin und schließ die Augen. Gib deinem Körper die Erlaubnis, sich zu entspannen, und richte deine Aufmerksamkeit zunächst auf deinen Atem. Bemerke einfach, wie du atmest... Vielleicht stellst du fest, dass deine Art zu atmen sich ganz von selbst etwas ändert, ohne dass du dich dabei anstrengen musst... Konzentriere dich bitte auf dein Herz, auf seine Wärme, auf seinen verlässlichen Rhythmus. (1 Minute)

Denke an irgendeinen Menschen, mit dem du eine gute Beziehung hast, die im Augenblick frei von größeren Konflikten ist. Nimm diesen Menschen langsam in dein Herz auf und zeig ihm deine Liebe dadurch, dass du ihm etwas wünschst, was alle Menschen überall auf der Welt schätzen; sag einfach: «Ich wünsche dir Glück und Frieden...» Und du kannst diese Worte ein paarmal wiederholen und spüren, wie dein Herz dabei weit und warm wird.

Und vielleicht gibt es noch jemanden, der einen Platz in deinem Herzen hat. Wähle eine andere Beziehung aus, die im Augenblick überwiegend friedlich ist. Nimm, wenn du es willst, auch diesen Menschen in dein Herz auf. Sag ihm ebenfalls: «Ich wünsche dir Glück und Frieden...» (1–2 Minuten)

Nun kannst du an die Person denken, der du vergeben möchtest. Stell dir vor, dass dieser Mensch in einem passenden Abstand vor dir steht, sodass du ihm in die Augen sehen kannst. Dieser Mensch wartet darauf, deine Worte zu hören. Wenn er sie gehört hat, wird sein Bild wieder verblassen. Und nun probiere aus, wie es sich anfühlt, wenn du auch zu ihm sagst: «Ich wünsche dir Glück und Frieden...»

Komm nun mit deiner Aufmerksamkeit wieder hierher zurück. Diese Übung kannst du, so oft du willst, wiederholen. Sie hilft dir, positive Gefühle, Gefühle der Entspannung und des Wohlbefindens mit dieser Person zu verbinden. Reck und streck dich ein wenig, atme einmal tief aus und öffne die Augen...

Schritt 4: Nimm dir ein Blatt Papier und schreib auf, was du bei dieser Übung erlebt hast. Beantworte auch folgende Frage dabei: Wie viel Mitgefühl hast du in dieser Stunde für deinen Schuldiger, wenn du eine Skala von 1 bis 10 (10 = grenzenloses Mitgefühl) anlegst?

Schritt 5: Die Teilnehmer kommen in Quartetten zusammen und sprechen über diese Übung:

- Wie leicht fällt es mir im Alltag, Mitgefühl zu erleben?
- Fällt es mir leicht, eigenes oder fremdes Leid zu bemerken?
- Was kann man durch Leid lernen?

Übung 18

Leid hinnehmen

Ziele: Hier sollen die Teilnehmer ihre Einstellung zu Leid, Kummer und Verlusten überprüfen und versuchen, den damit verbundenen dunklen Gefühlen einen Platz in ihrem Herzen zu geben. Der Prozess der Vergebung verläuft sehr viel gründlicher, wenn wir den verständlichen Versuch aufgeben, gegen Leid und dunkle Gefühle zu protestieren.

Zusammenfassung: Die Teilnehmer kommen in Quartetten zusammen und geben einander Einblick in die Art und Weise, wie sie bisher Leid in ihrem Leben verarbeitet haben. In einer zweiten Runde können die Quartette sich mit der heilenden Kraft von Gebeten beschäftigen. Wir benutzen ein Konzept, das auch für kirchlich nicht gebundene Menschen akzeptabel ist.

Schritt 1: Der Gruppenleiter gibt eine kurze Einführung. Niemand liebt Leid und Schmerz. Trotzdem erlebt jeder immer wieder diese Gefühle. Wir können die Welt und was mit uns geschieht, nur in einem geringen Maße kontrollieren. Leid ist deshalb eine große Herausforderung, weil sie uns unsere existenzielle Verletzlichkeit erleben lässt. Unsere automatische Reaktion darauf ist negativ. Wir wollen das Leid nicht akzeptieren; wir schließen die Augen vor ihm; wir verkrampfen uns; wir möchten es aus der Welt schaffen; wir sind unfähig, Leid als normalen Bestandteil unserer Welterfahrung anzuerkennen. Da wir weder andere Menschen noch das Schicksal kontrollieren können, besteht immer die Gefahr, dass wir verletzt werden und leiden. Eingetretene Verletzungen können wir nicht ungeschehen machen. Leid löst sich am besten auf, wenn wir es akzeptieren. Dann kann sich überstandenes Leid in Charakterstärke verwandeln, in Widerstandskraft, in Weisheit und in vieles mehr.

Schritt 2: Die Teilnehmer kommen in Quartetten zusammen und unterhalten sich darüber, welchen Platz Leid und Kummer in ihrer Lebensphilosophie und in ihrem spirituellen Leben haben:

- Welche Erfahrung habe ich mit Leid gemacht?
- Wie schwer war das Leid, das mir damals zugefügt wurde?
- Wie werde ich mit Situationen fertig, in denen ich wenig Kontrolle ausüben kann?
- Habe ich die Illusion, dass ich andere Menschen oder das Schicksal kontrollieren kann? (30 Minuten)

Schritt 3: Der Gruppenleiter gibt eine neue Anregung: Was können wir tun, wenn wir mit schweren Verletzungen und Leid konfrontiert werden? Die wirksamste Hilfe bietet die Urform des Gebetes mit den drei Positionen: Hilf mir... Ich danke dir... Dein Wille geschehe... Dabei spielt es keine Rolle, ob sich das Gebet an den Gott der Christen, an eine heidnische Göttin, an eine höhere Macht, an die Natur, an Engel oder Geister oder an innere Ressourcen wendet. Man braucht überhaupt keine Theologie, um bei der Urform des Gebetes Zuflucht zu finden. Die Voraussetzung ist einfach die klare Erkenntnis, dass ich es allein nicht schaffe. Das Gebet erlöst uns aus dieser Einsamkeit und beschützt uns vor Panik, Hoffnungslosigkeit und Bitterkeit.

- «Hilf mir...» ist das automatische Gebet jedes Menschen, der in Schwierigkeiten ist und im Augenblick nicht weiter weiß. Oft reicht diese einfache Form, um Erleichterung zu finden. Aber manchmal haben wir das Bedürfnis, noch etwas Spezifisches hinzuzufügen: Hilf mir, geduldiger zu sein, liebevoller, weniger nachtragend, nicht so zornig usw.
- «Danke...» ist das zweite grundlegende Gebet. Nicht nur in guten Zeiten, sondern gerade in Schmerz und Leid ist dies ein unterschätztes Gebet. Dankbarkeit für die Wunder des Lebens ist eine wichtige Möglichkeit, das eigene Herz wieder zu öffnen und Optimismus zu gewinnen. Ich kann Danke sagen für meinen Atem, für meine Augen, für die Bäume, die ich durch das Fenster sehe usw. Wenn ich Dank ausdrücke, bekomme ich eine Perspektive und lasse mich nicht länger vom Leid meines Ego hypnotisieren.
- «Dein Wille geschehe...» Dies ist eines der stärksten Gebete, mit dem viele von uns jedoch Schwierigkeiten haben, weil es direkt feststellt: Ich kann das hier nicht kontrollieren. Wenn wir dieses Gebet sprechen, können wir seine Aussage symbolisch unterstützen, indem wir beide Hände fest zur Faust ballen und die Hände dann langsam

öffnen. Dabei haben wir das Gefühl, dass sich auch unser Herz öffnet. «Dein Wille geschehe» entlastet uns und schenkt uns Geduld und Vertrauen. Wir lösen uns von der Fixierung auf ein bestimmtes Ergebnis.

Schritt 4: Die Quartette sprechen über Erfahrungen, die mit Gebeten gemacht worden sind und über ihre eigene Gebetspraxis. An wen richten die Teilnehmer ihre Gebete? Wie häufig betet jeder? Gibt es in solchen Situationen irgendeinen wirksamen Ersatz für ein Gebet? (15 Minuten)

Schritt 5: Jeder formuliert ein kurzes Gebet in seinem persönlichen Stil, das ihm hilft, an dieser Stelle des Vergebungsprozesses weiterzukommen. Je einfacher, desto besser. (5 Minuten, anschließend wird in den Quartetten berichtet, welche Gebete gefunden wurden.)

Schritt 6: Auswertung im Plenum:
- Was habe ich in dieser Sitzung gelernt?
- Woran glaube ich?
- Wofür lebe ich?
- Wofür bin ich bereit zu sterben?
- Wieweit begegne ich dem Leben mit einer gewissen Demut?

Übung 19

Das Geschenk

Ziele: Dieser Schritt im Prozess der Vergebung überrascht manche Teilnehmer: Warum sollte ich jemandem, der mir Unrecht getan hat, ein Geschenk machen? Aber wenn ich dieser Person ein Geschenk mache, dann ist das ein wirksamer Schritt, jene hypnotische Macht zu brechen, die mein Widersacher über mich hatte. Indem ich ihm ein Geschenk mache, stelle ich symbolisch meine Autonomie und Integrität wieder her.

Zusammenfassung: Diese Sitzung muss vorbereitet werden, einige Tage oder eine Woche. Die Teilnehmer setzen sich zu Hause hin und machen eine Liste mit möglichen Geschenken, die ganz spezifisch beschrieben werden, z. B.: Ich werde meinen Vater im Krankenhaus besuchen; ich werde meinem Ehepartner ein schönes Abendessen bereiten; ich werde mich bei meinem Chef für alles bedanken, was ich bei ihm gelernt habe, etc. Um die Wirkung zu erhöhen, fertigt jeder eine Geschenkurkunde an und bringt sie zu der entsprechenden Sitzung mit.
Diese Sitzung wird als kurzes Ritual gestaltet. Anschließend wird versucht, auf die individuelle Situation einzugehen und Fragen zu besprechen.

Schritt 1: Der Gruppenleiter sorgt für einen passenden, stimulierenden Rahmen und hängt an die Wände des Gruppenraumes möglichst große Fotos von bekannten und unbekannten Menschen, die vergeben haben, die auf Rache und Gewalt verzichtet und sich mit ihren Feinden versöhnt haben. Wählen Sie Fotos von bekannten Persönlichkeiten wie Martin Luther King, Gandhi, Nelson Mandela, Dietrich Bonhoeffer usw., aber auch Fotos von Menschen, die Sie privat kennen und von denen Sie wissen, dass sie eine schwere Verletzung vergeben haben. Außerdem wird für das Ritual eine große Kerze auf einem passenden Leuchter benötigt.

Schritt 2: Der Gruppenleiter eröffnet das Ritual: Wir sind hier zusammengekommen, um uns freiwillig zu verpflichten, dem Menschen ein Geschenk zu machen, der uns verletzt hat und dem wir vergeben wollen. Wir tun das in der Hoffnung, unserer Vergebung dadurch noch mehr Gewicht zu geben. Jeder von uns weiß, welches Geschenk in seiner Situation passend ist. Unsere Geschenke müssen nicht unbedingt Gegenstände sein, in den meisten Fällen sind es Gesten des Respekts, der Zuneigung, der erneuerten Liebe; wir entscheiden uns, Dank abzustatten; oder wir schenken etwas von unserer Zeit oder unserer Bereitschaft zu helfen. Wenn wir einem Toten etwas schenken wollen, dann können wir etwas Gutes über diesen Menschen erzählen; wir können Blumen auf sein Grab legen oder etwas für seine Kinder tun. Dabei wollen wir immer im Auge haben, dass dieses Geschenk unserem alten Widersacher guttun soll.
Wir wissen auch, dass Geschenke manchmal zurückgewiesen werden, besonders dann, wenn der Beschenkte gar nicht weiß, wie sehr er uns verletzt hat. Wir sollen daher das Geschenk auf keinen Fall mit der Erklärung verbinden, dass wir dem anderen vergeben haben.
Indem wir uns auf den Prozess der Vergebung eingelassen haben, stellen wir uns in eine Reihe von Menschen, die ebenfalls vergeben und dabei größte Schwierigkeiten überwunden haben. Und auch wenn wir bisher nicht bewusst an sie gedacht haben, so hat ihre Existenz und ihre Vergebung die Welt verändert und es uns leichter gemacht, dasselbe zu tun.
Wir wollen unser Ritual damit beginnen, dass wir jedem der Menschen, deren Fotos ihr hier seht, unseren Respekt ausdrücken. Wer immer etwas zu sagen hat, kann zu einem der Fotos gehen und stellvertretend für uns alle diesem Menschen für das danken, was er getan hat.

Schritt 3: Und nun werde ich diese Kerze anzünden und in die Mitte stellen. Immer einer von uns kann die Kerze zu sich holen und vor der Gruppe Folgendes erklären: «Ich möchte XY vergeben, und so weit bin ich bisher in meinem Prozess der Vergebung gekommen... Ich habe mich entschieden, ihm/ihr folgendes Geschenk zu machen.» An dieser Stelle liest der Betreffende vor, was auf seiner Geschenkurkunde steht. Dann kann ein anderes Gruppenmitglied die Kerze zu sich nehmen und fortfahren.

Schritt 4: Wenn alle Gruppenmitglieder gesprochen haben, beendet der Gruppenleiter das Ritual, indem er den Teilnehmern dafür dankt, dass sie diesen besonderen Weg der Vergebung eingeschlagen haben. Dann versammeln sich alle dicht um die Kerze und blasen sie gemeinsam aus.

Schritt 5: Am Schluss sollte genügend Zeit sein für Fragen und, wenn nötig, auch für Warnungen: Der Schritt, den wir in diesem Ritual vollzogen haben, ist nicht notwendigerweise ein Schritt zur Versöhnung. Bei allem, was wir tun, müssen wir die Empfindlichkeit des Empfängers berücksichtigen. Das Geschenk muss zwei Dinge gewährleisten: Der Beschenkte muss in der Lage sein, das Geschenk anzunehmen; es muss seine Empfindlichkeit und seine Würde berücksichtigen.

Übung 20

Der Sinn von Kummer und Leid

Ziele: Vergebung wird noch leichter, wenn es uns gelingt, den Sinn der erlittenen Verletzung zu verstehen. Gerade wenn wir uns mit unserer Verletzlichkeit, Unsicherheit und unserem Leid konfrontieren, haben wir die Chance, reifer zu werden, an Selbsterkenntnis zuzunehmen und erfreuliche soziale Beziehungen zu unterhalten. Die Frage nach dem Sinn des Leides muss in Ruhe beantwortet werden. Unser analytischer Verstand braucht dabei die Hilfe unserer Intuition. Darum wählen wir hier die Form der Phantasiereise.

Zusammenfassung: Die Teilnehmer entspannen sich, damit sie für die Phantasiereise in eine leichte Trance gehen können. Anschließend können sie wählen, wie sie ihre Erlebnisse für sich fruchtbar machen wollen – durch reflektierendes Schreiben oder expressives Malen.

Schritt 1: Der Gruppenleiter gibt eine kurze Einleitung: Wir alle sind schon eine Weile auf dem Weg der Vergebung, und wir haben dabei vielleicht eine Ahnung davon entwickelt, dass unsere Verletzungen uns auch die Chance geben, seelische Widerstandskraft zu entwickeln. Wenn wir nicht bei unserem Ärger stehen bleiben, gibt das erlittene Leid uns die Möglichkeit, uns selbst, unser Schicksal und die Schwierigkeiten anderer Menschen besser zu verstehen. Heute möchte ich euch zu einer längeren Phantasiereise einladen, die es möglich macht, Denken und Gefühl auf eine einzigartige Weise zu verbinden.

Schritt 2: Bitte setz dich bequem hin und schließ die Augen. Gib deinem Körper die Erlaubnis, sich zu entspannen, und richte deine Aufmerksamkeit zunächst auf deinen Atem. Bemerke einfach, wie du atmest... Vielleicht stellst du fest, dass deine Art zu atmen sich ganz von selbst etwas ändert, ohne dass du dich dabei anstrengen musst...
Du wirst gleich zu einer Phantasiereise aufbrechen, die dich in jenen Teil deines Gehirns führt, wo du dein intuitives Wissen hast. Geh auf diese Phantasiereise mit dem Ziel, deine dunklen Gefühle zu treffen –

Schmerz, Kummer, Einsamkeit. Wenn du das möchtest, kannst du dir ein Gefühl aussuchen, aber du kannst auch einfach abwarten, welches Gefühl sich im Laufe der Übung von selbst meldet.

Stell dir vor, dass du irgendwo an einem ruhigen Platz bist, drinnen oder draußen. Dann sieh eine Tür vor dir, die sich öffnet, und wenn du hindurchgehst, kommst du zu einer zweiten Tür, die sich ebenfalls öffnet. Dann stehst du plötzlich in einem schattigen Wald, oben auf einer kleinen Anhöhe...

Von dort gehst du einen schmalen Pfad hinab, der dich tiefer und tiefer in den Wald führt. Wenn du immer tiefer in den Wald vordringst, Schritt für Schritt, siehst du, wie das Sonnenlicht kleine, helle Flecken zwischen den Bäumen aufleuchten lässt. Du kannst die kühle, frische Waldluft riechen, während du immer weiter in den Wald hineingehst, bis du den Fuß eines Hügels erreicht hast. Dort entdeckst du unter großen überhängenden Bäumen einen kleinen See leise an das Ufer plätschern...

Du entdeckst dort ein Boot und machst es los, ehe du hineinsteigst, um dich darin bequem hinzusetzen oder hinzulegen. Wenn du das möchtest, findest du darin ein paar weiche Decken oder Kissen. Und nun treibt das Boot langsam über das Wasser und schaukelt dich sanft hin und her, wie in einer sanften Wiege. Du gestattest dir, diese sanften Bewegungen zu genießen, während du dem Wasser zuhörst, das gegen das Boot plätschert. Du treibst weiter hinaus aus dem Schatten der Bäume in das warme Sonnenlicht über dem See...

Ein lauer Wind sorgt dafür, dass du genau die Temperatur spürst, die du gern hast, wenn du dich tief entspannen möchtest. Dabei kannst du die Vögel singen hören. Über dir siehst du kleine Wölkchen über den Himmel ziehen. Du fühlst dich gut aufgehoben in deinem Boot, und du genießt den Frieden in der Natur, während du weiter und weiter treibst. Du empfindest eine angenehme Verbundenheit mit deiner Umgebung, mit den Bewegungen des Bootes, mit der Wärme und mit den Klängen der Natur. Du gestattest dir, all das zu genießen, diese perfekte Harmonie mit deiner Umgebung, mit all dem, was überhaupt ist.

Während du weiter treibst, verändert sich dein Zeitgefühl, und du kannst nicht sagen, wie viel Zeit vergangen ist, wenn dein Boot das ferne Ufer erreicht und ganz weich am Rand einer Wiese landet. Du verlässt das Boot und gehst in die Wiese hinein. Du spürst das Gras

an deinen Beinen. Du genießt den Duft der Natur, während du langsam weitergehst. Nun kommst du an einen großen Baum, der dir vertraut vorkommt. Du spürst, dass dies dein Baum ist, der dich einlädt, dich in seinen Schatten zu setzen...
An diesem Platz bist du vollkommen sicher. Dieser Platz ist dein Geheimnis, und du weißt, dass hier alles möglich ist. Hier musst du nicht allein sein. Hier kannst du dir Begleiter wünschen, die dich unterstützen. Das kann ein Mensch sein, den du kennst. Es spielt keine Rolle, ob er noch am Leben ist oder schon gestorben. Wenn du willst, kannst du dir ein Tier wünschen oder eine Musik oder einfach das namenlose Gefühl einer Verbindung mit der ewigen Weisheit. Was immer dir hilft zu verstehen, kannst du herbeiwünschen an deinen Platz unter den alten Bäumen. Und nun kannst du jenes dunkle Gefühl begrüßen, mit dem du Freundschaft schließen willst. Sieh die Gestalt deines Leides, deiner Trauer, deiner Angst, deiner Verzweiflung oder deines Zorns. Fass das Gefühl an diesem Platz unter dem Baum ganz klar ins Auge. Wie sieht es aus? Welche Farbe hat es? Wie viel Kraft geht von ihm aus? Und du fasst dir ein Herz und entscheidest dich, dieses Gefühl direkt anzusprechen und ihm die Fragen zu stellen, die dich schon immer beschäftigt haben, z. B.: Was willst du von mir? Welche Botschaften hast du für mich? Was soll ich mit dir anfangen? Jede deiner Fragen kann zu neuen Fragen führen. Lass dir Zeit, bis du alle Fragen ausgesprochen hast, die dich beschäftigen. Dann höre ganz offen und aufmerksam, welche Antworten kommen. (3 Minuten)
Wenn du alle deine Fragen gestellt hast, spürst du plötzlich, dass jenes dunkle Gefühl auch ein Geschenk für dich hat. Was ist dieses Geschenk? Wie sieht es aus? Wozu kannst du es gebrauchen? Sieh dieses Geschenk ganz deutlich vor dir und nimm es an. Nun kommt dir dieses dunkle Gefühl viel vertrauter vor. Stell dir vor, dass du mit diesem Gefühl auf der Wiese tanzt. Du tanzt einen Tanz, den du vorher noch nie getanzt hast, und du lässt dich überraschen, wie sich dieser Tanz entwickelt, du gehst ganz in diesem Tanz auf, bis er zu Ende ist... (3 Minuten)
Nun ist es an der Zeit, dass du dich bedankst. Bedanke dich bei deinem dunklen Gefühl, bedanke dich auch bei deinen Begleitern und Helfern für ihre Unterstützung... (1 Minute)

Kehre zurück zu deinem Platz unter dem Baum und setz dich wieder hin. Wisse, dass du an diesen Platz zurückkehren kannst, wann immer du das möchtest. Hier kannst du Weisheit finden für dich selbst und für andere...
Und nun ist es Zeit, auch dem Baum Adieu zu sagen und der Wiese und der ganzen Natur, die dich so freundlich aufgenommen hat...
Spüre jetzt wieder deinen Körper, spüre den Stuhl oder den Boden unter dir und fang an, dich etwas zu recken und zu strecken. Während du langsam zu deinem Alltagsbewusstsein zurückkehrst, kannst du beschließen, alles, was für dich wichtig ist, gut in deinem Gedächtnis aufzubewahren. Atme einmal tief aus, dann öffne die Augen in deinem eigenen Rhythmus und sei wieder hier, erfrischt und wach.

Schritt 3: Jeder hält das fest, was für ihn während der Phantasiereise von Bedeutung war, indem er sich entweder schriftliche Notizen macht oder die wichtigen Eindrücke mit farbigen Wachsmalstiften bildlich darstellt: den Baum, die Begleiter oder Helfer, das dunkle Gefühl, das Geschenk und den Tanz. Wer sich für diesen Weg entscheidet, soll sich keine Sorgen um die ästhetische Qualität seiner Zeichnung machen... (15 Minuten)

Schritt 4: Es werden Trios gebildet, in denen aus den Notizen vorgelesen wird oder die Bilder gezeigt werden. Jedes Triomitglied versucht mitzuteilen, was für ihn das Wichtigste ist, was er von dieser Reise nach innen mitbringt.

Schritt 5: Auswertung im Plenum.

Übung 21

Die Bürde der eigenen Schuld

Ziele: Unsere Bereitschaft zu vergeben kann zunehmen, wenn wir uns mit der eigenen Schuld beschäftigen und unseren Wunsch spüren, selbst Vergebung zu finden.

Zusammenfassung: Die Teilnehmer schreiben einen Brief, in dem sie entweder selbst um Vergebung bitten oder sich bei einem Menschen bedanken, der ihnen großzügig ein Unrecht oder eine Verletzung vergeben hat.

Schritt 1: Der Gruppenleiter gibt eine kurze Einführung: Jeder von uns ist selbst schon in der Position des Aggressors gewesen: Wir haben andere Menschen verletzt, im Stich gelassen, herabgesetzt, hintergangen, betrogen usw. Wir haben meist die Tendenz, unsere eigene Schuld zu verkleinern. Manchmal tragen wir Schuldgefühle mit uns herum, die uns nicht bewusst sind, die uns jedoch zu irrationalem Verhalten nötigen. Manchmal haben wir Schwierigkeiten, uns zu entschuldigen, weil wir glauben, dass wir mit einer Entschuldigung uns selbst erniedrigen. Unsere Schwierigkeiten, uns zu entschuldigen, werden von anderen wahrgenommen, bewusst oder unbewusst. Sie haben dann ihrerseits Schwierigkeiten, sich bei uns zu entschuldigen, wenn sie uns verletzt haben.

Schritt 2: Die Teilnehmer skizzieren schriftlich irgendeinen Vorfall (nicht unbedingt mit der Person, der sie selbst vergeben wollen), bei dem es für sie wichtig war, dass ihnen verziehen wurde. Wie hat sich die Situation entwickelt? Haben sie sich entschuldigt? Haben sie erwartet, dass der andere den Anfang macht und vergibt? Welche Einsichten können aus diesem Ereignis abgeleitet werden? (15 Minuten)

Schritt 3: Jeder schreibt einen Brief an eine Person, die er verletzt oder enttäuscht hat. Drei verschiedene Möglichkeiten stehen zur Auswahl:

- Ich bedanke mich bei einem Menschen, der mir ein Unrecht explizit vergeben hat.
- Ich entschuldige mich bei einem Menschen für etwas, was ich unterlassen habe, was ich ihm nicht gegeben habe, was ich ihm vorenthalten habe.
- Ich bitte um Vergebung für etwas, was mir als deutlich empfundene Schuld immer noch auf der Seele liegt.

Diese Briefe sind zunächst nicht dazu bestimmt, abgeschickt zu werden. Jeder Teilnehmer kann später darüber nachdenken, was er mit dieser Anregung anfangen will. (30 Minuten)

Schritt 4: Die Teilnehmer kommen in Paaren zusammen und entscheiden, was sie dem Partner vorlesen wollen, die Notiz vom Anfang der Übung oder ihren Brief. Dann werten sie die Übung aus:
- Wie wichtig ist es mir selbst, von anderen zu hören: Ich vergebe dir?
- Wie leicht fällt es mir, mich zu entschuldigen?
- Wie entlaste ich mein eigenes schlechtes Gewissen?

Schritt 5: Auswertung im Plenum:
- Welche Auswirkungen haben nicht ausgesprochene Entschuldigungen?
- Welche Rolle spielen Entschuldigungen in engen persönlichen Beziehungen?
- Welche Rolle spielen Entschuldigungen in der Politik und für die Beziehung zwischen den Völkern?
- Was möchte ich mit dem Brief anfangen, den ich geschrieben habe?

Übung 22

Ich vergebe dir

Ziele: In dieser Übung können die Teilnehmer testen, wie weit sie im Prozess des Vergebens gekommen sind. Sie können herausfinden, wie es sich für sie anfühlt, wenn sie explizit ausdrücken: «Ich vergebe dir.» Außerdem sollen verschiedene Aspekte für den mündlichen und schriftlichen, direkten oder indirekten Ausdruck von Vergebung erörtert werden.

Zusammenfassung: Die Teilnehmer schreiben einen Brief an die Person, von der sie verletzt wurden, in dem sie explizit die Worte benutzen: «Ich vergebe dir.» Anschließend setzen sie sich mit der Frage auseinander, was sie mit ihrem Entschluss machen wollen. Es ist möglich, die Vergebung als einseitigen inneren Vorgang zu praktizieren, aber in vielen Fällen ist es hilfreich, wenn die Vergebung mitgeteilt wird.

Schritt 1: Der Gruppenleiter geht auf die Frage ein, ob die Teilnehmer ihrem Schuldiger direkt mitteilen sollen: «Ich vergebe dir.» Diese explizite Mitteilung kann hoch bedeutsam sein, aber sie muss taktvoll erfolgen.

Manchmal ist die direkte Mitteilung weder angemessen, noch notwendig. Manche Menschen benutzen die Worte «Ich vergebe dir» leider als Mittel der Rache. Sie konfrontieren den Missetäter mit all ihren Leiden, ehe sie großzügig Vergebung anbieten, und sind überrascht, wenn der Schuldiger defensiv reagiert. Auch das Timing spielt eine große Rolle. Wenn wir jemandem vergeben, der sich gar nicht darüber klar ist, dass wir uns verletzt fühlen, dann entsteht erst einmal ein Konflikt. Wir müssen also die emotionale und intellektuelle Situation des Menschen einbeziehen, dem wir vergeben wollen.

Im Einzelnen sind fünf verschiedene Fälle denkbar:

- Der Betreffende hat sich entschuldigt und wartet darauf, dass ihm vergeben wird.

- Er/Sie hat sich weder entschuldigt noch darum gebeten, dass ihm vergeben wird. Seine Schuld ist jedoch unbezweifelbar.
- Die Beziehung ist zerbrochen, und beide Parteien sind im Zorn auseinander gegangen.
- Die Verletzung hat vor sehr langer Zeit stattgefunden, und der Aggressor hat keinen Platz mehr im Leben des Vergebenden.
- Der Aggressor weiß nicht, dass er den anderen verletzt hat.

Darum muss jeder Fall separat betrachtet werden, um zu einer weisen Entscheidung zu gelangen.

Schritt 2: Die Teilnehmer schreiben einen kurzen Brief an die Person, die sie verletzt hat, und teilen ihr mit, dass sie jetzt bereit sind, ihr zu vergeben. In diesem Brief benutzen sie die kritischen drei Worte «Ich vergebe dir». Jeder bemüht sich um Aufrichtigkeit und emotionale Ehrlichkeit und verzichtet darauf, irgendetwas vorzutäuschen. Der Brief kann ganz kurz sein, er kann jedoch auch länger ausfallen. (15 Minuten)

Schritt 3: Jeder setzt sich schriftlich mit der Frage auseinander, was er nach der Formulierung des Briefes tatsächlich tun will. Zur Unterstützung und Überlegung erhalten die Teilnehmer eine Art Checkliste, die als Teilnehmermaterial hier beigefügt ist. (15 Minuten)

Schritt 4: Im Plenum teilt jedes Gruppenmitglied mit, wie es verfahren will. Wer möchte, soll auch Gelegenheit erhalten, seinen Brief vorzulesen. Am Ende der Sitzung teilt jeder mit, mit welchen Gedanken und Gefühlen er aus dieser Sitzung geht.

Teilnehmermaterial «Ich vergebe dir»

Was wir tun, nachdem wir innerlich vergeben haben, kann noch einmal eine knifflige Frage sein. Wichtig ist der Stand der Beziehung. Die meisten Fälle passen in die folgenden fünf Beschreibungen:
- Der Aggressor hat sich entschuldigt und wartet darauf, dass ihm vergeben wird.
- Er hat sich weder entschuldigt noch darum gebeten, dass ihm vergeben wird. Seine Schuld ist unbezweifelbar.
- Die Beziehung zu ihm ist zerbrochen, und beide Parteien sind im Zorn auseinander gegangen.
- Die Verletzung hat vor sehr langer Zeit stattgefunden, und der Aggressor hat keinen Platz mehr im Leben des Vergebenden.
- Der Betreffende weiß nicht, dass er den anderen verletzt hat.

1. Welche Beschreibung passt zu deiner Situation? Was spricht dafür, dass du mit dem Betreffenden direkten Kontakt aufnimmst? Was spricht dagegen?

2. Hat sich der Mensch, dem du vergeben möchtest, mit seinem Verhalten beschäftigt? Möchte er, dass ihm vergeben wird? Ist derjenige daran interessiert herauszufinden, was schief lief? Wie viel Schuld und Bedauern empfindet der Betreffende?

3. Ist es denkbar, dass der Aggressor erwägt, sich zu entschuldigen und um Vergebung zu bitten? Weiß der Betreffende, was Vergebung bedeutet? Ist er sich darüber im Klaren, dass Vergebung ein Geschenk ist und dass es ganz allein bei dir liegt zu entscheiden, ob du dieses Geschenk annehmen willst?

4. Beschäftigt sich der Aggressor aktiv mit dem Problem der Vergebung? Kann er einschätzen, welches Leid du erlebt hast? Hat er Einfühlungsvermögen und Mitgefühl für dich? Ist der Betreffende bereit, Wiedergutmachung zu leisten und sich ggf. zu ändern? Hat er irgendetwas aus dem Konflikt gelernt? Befindet er selbst sich in einem Entwicklungsprozess zu größerer persönlicher Reife?

5. Vergleiche deinen eigenen psychologischen Entwicklungsstand mit dem des Aggressors. Seid ihr beide gleich weit entwickelt? Bist du selbst schon weiter gekommen? Ist die andere Person weiter gekommen als du selbst?
6. Hat die Person, die dich verletzt hat, ein aufrichtiges Bedürfnis nach «Freisprechung»?
7. Wer würde außer den beiden Konfliktparteien von einer expliziten Vergebung noch profitieren?
8. Möchtest du auf eine Versöhnung hinarbeiten?

Kapitel III
Positive Beziehungen

Wie zu Beginn ausgeführt, haben Forschung und Therapie sich bisher vor allem auf negative Prozesse in Beziehungen, auf Konflikte und Krisen konzentriert, wie z. B. auf Ehebruch, Scheidung, Zurückweisung, soziale Isolation, Eifersucht, Gewalt, Einsamkeit und Verletzung der persönlichen Grenzen. Studien über eheliche Beziehungen beschränkten sich bislang auf die Untersuchung von typischen Konflikten. Es gibt sehr viel weniger Untersuchungen über liebevolles und fürsorgliches Verhalten in der Ehe. Das hängt sicher auch damit zusammen, dass die Therapie auch die akademische Beziehungsforschung beeinflusst hat. Die Therapie war stets auf der Suche nach Theorien und Interventionsmöglichkeiten, um gestörten Paaren und Familien zu helfen. Relativ wenig Wert wurde auf Prävention und die Verbesserung normaler Beziehungen gelegt. Darum gibt es bis heute verhältnismäßig wenig Studien, die sich auf positive Interaktionen konzentrieren, auf Zuneigung, Freundschaft, Körperkontakt, gemeinsame Aktivitäten und einfaches Vergnügen. Die Neigung der Psychologie, vor allem negative Beziehungen zu untersuchen, hängt auch damit zusammen, dass negative Ereignisse, wie Todesfälle, Gewalt, sexueller oder emotionaler Betrug, auffälliger sind als die alltäglichen, positiven Interaktionen. Häufig wird übersehen, dass die milden, positiven Interaktionen im Laufe der Zeit akkumulativ wirken; in der Summe sind sie häufig stärker als ein paar heftige Konflikte, die im Laufe eines Jahres auftreten. Aber die akkumulative Wirkung positiver Interaktionen ist bisher wenig erforscht worden, und wir müssen feststellen, dass positive Prozesse in sozialen Interaktionen und engen Beziehungen bis heute generell unterschätzt und in der Forschung zu wenig berücksichtigt wurden.
Im Folgenden möchte ich mich deshalb auf die positiven Aspekte von Beziehungen konzentrieren, die dafür sorgen können, dass wir angenehme Beziehungen haben, die zu unserer Entwicklung und zu unserem Glück beitragen. Besonders wichtig erscheinen mir Intimität, Zärtlichkeit und gemeinsames Vergnügen.

Intimität – Wir alle haben drei angeborene Bedürfnisse: nach Autonomie, nach Kompetenz und nach Beziehungen. Welche Interaktionen geben uns das Gefühl, in einer Beziehung geborgen zu sein? Am ehesten fühlen wir uns dann zugehörig, wenn wir uns verstanden fühlen und geschätzt. Aber auch spezielle Aktivitäten spielen eine Rolle:

wenn wir über etwas Bedeutungsvolles sprechen oder wenn wir mit anderen vergnügliche Aktivitäten teilen. Wir fühlen uns immer dann anderen Menschen nahe und mit ihnen verbunden, wenn wir Einblick in zentrale Aspekte unseres inneren Lebens und unserer Gefühle geben können und zwar durch Worte, Aktionen und nonverbales Verhalten; wenn wir feststellen, dass unsere Partner auf unser inneres Selbst reagieren und dessen Bedürfnisse respektieren; wenn wir das Gefühl haben, dass wir verstanden werden, geschätzt und geliebt. Dabei spielen affektive und kognitive Komponenten eine Rolle. Wir möchten sicher sein, dass unsere Interaktionspartner uns verstehen, unsere Individualität, unsere Verletzlichkeit, unsere Wünsche und Bedürfnisse. Am besten gelingt es uns, Intimität in langfristigen Beziehungen zu erleben, mit Freunden, Bekannten, Liebespartnern, Kollegen oder Therapeuten.

Intimität gehört zu den Spitzenwerten, die in der gesamten Lebenszeit besonders geschätzt werden. Beginnend mit der Adoleszenz steht Intimität an der Spitze unserer Wünsche. Darum schätzen wir positives Verhalten anderer besonders hoch, wenn sie uns verstehen, schätzen und lieben. Genauso schätzen wir ausgleichendes Verhalten, wenn unsere Interaktionspartner konstruktiv auf unsere Fehler und Versäumnisse reagieren und sie nicht zum Anlass nehmen, einen Streit vom Zaun zu brechen oder unseren Charakter zu kritisieren. Wir fühlen uns gut, wenn unsere Interaktionspartner sich mit uns freuen, wenn wir etwas Positives erleben, wenn wir Glück haben oder Erfolg. Wenn unsere Partner daran nicht interessiert sind oder sogar eifersüchtig reagieren, dann empfinden wir eine Störung in der Beziehung und einen Verlust an Vertrauen. Natürlich erwarten wir auch Mitgefühl von unseren Interaktionspartnern, d. h. Verständnis für unsere negativen Gefühle, wenn wir mit Stress, Verlusten oder Verletzungen kämpfen.

Zärtlichkeit – Während wir Intimität und Nähe in vielen verschiedenen Interaktionsformen und Beziehungen erleben können, erleben wir Zärtlichkeit und Liebe nur in engen Beziehungen, vor allem in Liebesbeziehungen. Eine besondere Rolle spielt dabei positiver physischer Kontakt, wenn wir einander berühren, streicheln, umarmen, Augenkontakt haben und wenn wir miteinander schlafen.

Diese Ausdrucksformen der Zärtlichkeit produzieren einen spezifischen Botenstoff, den die Neurobiologen Oxytocin nennen. Dieser

Stoff gehört zu den Neuropeptiden und stimuliert das Gefühl von Zugehörigkeit. Aber Oxytocin bewirkt noch mehr: Es reduziert Stressreaktionen im Körper und kann deshalb unsere Gesundheit fördern, gleichzeitig festigt es die Erinnerung an zärtliche Erlebnisse und verbessert auf diese Weise langfristige Beziehungen. Außerdem kann es die Opioide in unserem Gehirn beeinflussen, die uns ein gutes Gefühl schenken.

Gemeinsames Vergnügen – Positive Gefühle werden auch ausgelöst, wenn wir mit unseren Interaktionspartnern Dinge tun, die aus sich selbst heraus Spaß bringen, wie sportliche Aktivitäten, Aktivitäten in der Natur oder gemeinsame Spiele. Wir erleben dann Vergnügen, Vitalität und Begeisterung und manchmal auch «Flow». Das gemeinsame Erlebnis erzeugt positive Gefühle, die auf die Beziehung übertragen werden. Gemeinsamer Genuss verbindet.
Wenn sich die «Neue Positive Psychologie» besonders dafür einsetzt, positive Beziehungen zu fördern und genauer zu erforschen, was alles dazu beiträgt, dann bedeutet das nicht, dass die negativen Prozesse in engen Beziehungen übergangen werden sollen. Etwa die Hälfte aller neu geschlossenen Ehen enden mit einer Scheidung; viele Ehen werden nach ein paar Jahren langweilig; Isolation und Entfremdung nimmt besonders bei Jugendlichen und Senioren zu; in Dörfern und Städten geht das Gefühl von Gemeinschaft, gemeinsamer Verantwortung und wechselseitiger Unterstützung zurück; und schließlich gibt es in vielen Familien Gewalt und Missbrauch. Trotz alledem zählen die meisten Menschen Freunde und Familie zu den höchsten Gütern ihres Lebens. Anregende Beziehungen schaffen Zufriedenheit am Arbeitsplatz, in der Schule, in Vereinen und in der Nachbarschaft. Aber hier hat die Forschung noch viel zu tun. Es geht darum, den Einzelnen, die Familien, die ganze Gesellschaft zu stabilisieren und Methoden zu entwickeln, durch die positive Beziehungen noch erfreulicher gemacht werden, sodass sie den destruktiven Tendenzen in der Gesellschaft besser widerstehen können. Gute Beziehungen entstehen nicht durch das Fehlen negativer Interaktionen; sie müssen bewusst angestrebt und gefördert werden. Aber der Einsatz lohnt sich, denn sie sind die Basis für unser Glück und unsere persönliche Entwicklung.

Übung 1

Dank abstatten

Ziele: Welche psychologische Rolle spielt Dankbarkeit in unserem Leben? Warum drücken wir unsere Dankbarkeit so selten aus? Welche Konsequenzen ergeben sich aus vorenthaltener Dankbarkeit? Welche praktischen Möglichkeiten haben wir, Dank abzustatten?

Zusammenfassung: In dieser Sitzung reflektieren die Teilnehmer über das wichtige Thema der Dankbarkeit. Sie bereiten ein besonderes Treffen zu dieser Thematik vor, bei dem es um ein Realexperiment gehen soll.

Schritt 1: Viele Menschen spielen in unserem Leben eine wichtige Rolle. Sie inspirieren uns, sie sind uns ein Vorbild, sie unterstützen uns, sie helfen uns in Notlagen, sie sind Partner bei der Diskussion von wichtigen Projekten, usw. Die Zeit vergeht, und manchmal warten wir zu lange, sodass wir uns nicht mehr bei diesen Menschen bedanken können. Wir sollten uns jedoch entschließen, uns häufiger und schneller zu bedanken. Dankbarkeit verbindet die Menschen; sie erhöht unsere Bereitschaft, hilfsbereit zu sein, freundlich, verantwortlich und liebevoll.

Schritt 2: Jeder schreibt eine Liste mit den Namen der Menschen, die sein Leben bereichert und ihn unterstützt haben. Hinter jeden Namen kommen ein oder zwei Stichwörter, die das bezeichnen, was ich von der betreffenden Person bekommen habe. (10 Minuten)

Schritt 3: Die Liste wird überprüft: Bei welchen der Genannten habe ich das Gefühl, dass ich meinen Dank bisher nicht befriedigend ausgedrückt habe? Wer von ihnen ist bereits gestorben, sodass ich mich nicht mehr bei ihm bedanken kann?

Schritt 4: Die Teilnehmer kommen in Quartetten zusammen. Jeder sagt, wie viele Namen er notiert hat und nimmt Stellung zu den folgenden Fragen: Wie empfinde ich die nicht abgestattete Dankesschuld? Welche Konsequenzen hat sie für mein Leben, für meine Beziehungen? Die Gruppenmitglieder untersuchen die Gründe, warum in unserer Kultur Dankbarkeit so kurz kommt. Am Ende steht die Frage, was wir tun können, um der Dankbarkeit in unserem Leben mehr Raum zu geben.

Schritt 5: Der Gruppenleiter schlägt den Teilnehmern nun ein besonderes Experiment vor, einen «Abend der Dankbarkeit». Etwa ein Drittel der Gruppenmitglieder kann zu diesem Abend eine Person einladen, die dann geehrt werden soll. Die betreffende Person soll nicht wissen, worum es bei diesem Treffen geht. Sie bekommt nur die Information, dass die Gruppe sich mit positiver Psychologie beschäftigt und dass ihre Anwesenheit eine wichtige Unterstützung dieses Projektes ist.
Wer einen Gast mitbringt, verpflichtet sich, zu dem verabredeten Abend einen Text von ungefähr einer Seite zu schreiben, in dem sich der Verfasser bei seinem Gast für alles bedankt, was dieser für ihn bedeutet und was er für ihn getan hat. Dieser Text kann die Form einer Ehrenurkunde bekommen und sollte mit der Hand geschrieben sein. Der Name des Gastes und der Anlass für die feierliche Übergabe können oben auf dem Blatt stehen.
Der Termin für den «Abend der Dankbarkeit» wird sorgfältig geplant, damit die Freiwilligen Zeit haben, ihren Text gut vorzubereiten, und damit sichergestellt ist, dass die Gäste zu diesem Zeitpunkt auch wirklich anwesend sein können. Einige Teilnehmer, die keinen Gast einladen, sollten sich bereit erklären, für die geplante Zeremonie einen kleinen Imbiss mitzubringen.

Schritt 6: Der Gruppenleiter fordert die Teilnehmer auf, sich vorzustellen, was an dem geplanten Abend geschehen wird. Jeder notiert zehn Minuten lang seine Vermutungen und deponiert den Text dann in einem verschlossenen Umschlag, der bei der Gruppensitzung, die auf den Abend folgt, wieder geöffnet werden kann.

Schritt 7: Diese Sitzung endet mit einem kurzen Feedback. Wie fühle ich mich im Blick auf dieses Vorhaben der Gruppe?

Übung 2

Abend der Dankbarkeit

Ziele: Die Teilnehmer erleben, welche Auswirkung es haben kann, wenn wir uns von Angesicht zu Angesicht bedanken und nicht nur in einem Brief oder Telefongespräch. Sie können angeregt werden, die Rolle der positiven Psychologie für das Alltagsleben neu einzuschätzen.

Zusammenfassung: Die Gruppe versammelt sich mit den eingeladenen Gästen zu einem «Abend der Dankbarkeit». Der Gruppenleiter gibt eine kurze Einführung, und dann steht jeweils ein Gast im Mittelpunkt. Der Einladende verliest die von ihm verfasste Ehrenurkunde, und der Gast hat dann Gelegenheit, in aller Ruhe zu antworten. Die beiden Beteiligten können anschließend noch eine Weile Erinnerungen austauschen. Die Gruppe beteiligt sich zurückhaltend an diesem Prozess. Anschließend kommen weitere Gäste an die Reihe. Im Anschluss gibt es den vorbereiteten Imbiss und Gespräche in kleinen Gruppierungen.

Schritt 1: Der Gruppenleiter eröffnet den Abend, spricht kurz über die Ziele der Gruppe bzw. über die Bedeutung der positiven Psychologie für die Arbeit dieser Gruppe. Er skizziert kurz den Ablauf des Abends.

Schritt 2: Die Gruppe sollte gemeinsam mit den Gästen im Kreis sitzen. Der erste Gast wird geehrt. Er sitzt mit dem Gruppenmitglied, das sich bedankt, in der Mitte des Kreises. (Der Gruppenleiter kann den Paaren auch freistellen, ob sie nebeneinander im Kreis sein wollen oder in der Mitte des Kreises.) Derjenige, der die Ehrung vornimmt, sollte dies stehend tun. Für jeden Gast muss der Gruppenleiter mit einer Zeitspanne zwischen zehn und dreißig Minuten rechnen.

Schritt 3: Jetzt wird der nächste Gast geehrt, und allmählich entsteht in der Gruppe ein Rhythmus, der von allen Beteiligten mitgetragen werden kann. Der Gruppenleiter sollte damit rechnen, dass bei jeder

Zeremonie starke Gefühle ausgelöst werden, die auch auf die «Zuschauer» übergreifen. Eine solche direkte, positive Konfrontation rührt die Beteiligten fast immer zu Tränen. Es entsteht eine sehr enge Verbindung in der ganzen Gruppe, und Gruppenmitglieder und Gäste erleben diesen Abend als hoch bedeutsam.

Schritt 4: Nach der letzten Ehrung beendet der Gruppenleiter den offiziellen Teil des Abends und dankt den Gästen dafür, dass sie gekommen sind und dieses Experiment möglich gemacht haben. Sein Dank soll auch die Freiwilligen einschließen, sowie die übrigen Gruppenmitglieder, die durch ihre Präsenz und ihr Miterleben ebenfalls zu diesem Gruppenprozess beigetragen haben.
Dann erfolgt eine kurze Überleitung zu dem informellen Teil des Abends. Meist empfiehlt es sich, dass hierzu die Sitzordnung geändert wird, damit die Teilnehmer in kleinen Gruppen zusammensitzen können.

Schritt 5: Auswertung:
Die Auswertung dieses Abends erfolgt in der nächsten Gruppensitzung, sodass die Teilnehmer aus zeitlichem Abstand berichten können, welche Auswirkung dieses Experiment auf sie hatte.

Übung 3

Präsent sein

Ziele: Präsent zu sein bedeutet Kontakt haben, nicht nur mit der Welt der Gedanken, sondern auch mit der eigenen inneren emotionalen Welt und mit den Gefühlen der Interaktionspartner.

Zusammenfassung: Die Teilnehmer kommen in Paaren zusammen, sitzen einander gegenüber und schauen sich, ohne zu sprechen, in die Augen. Sie trainieren, die eigenen Hindernisse für Vertrautheit abzubauen. Das hilft ihnen, freundlicher und selbstsicherer zu werden.

Schritt 1: Der Gruppenleiter gibt eine kurze Einführung: Nonverbale Signale informieren uns über die emotionale Situation unserer Interaktionspartner, über ihre energetische Situation, über ihre Vorlieben und Abneigungen. Wer guten Kontakt wünscht, muss lernen, für sein Gegenüber präsent zu sein. Die Teilnehmer kommen mit einem Partner zusammen und setzen sich einander gegenüber. Sie haben zwei Minuten Zeit, sich zu akklimatisieren und sich auszutauschen.

Schritt 2: Für eine Zeitdauer von zehn Minuten werden die Paare nicht mehr miteinander sprechen. Jeder versucht, für den Partner präsent zu sein. Er schaut ihm ins Gesicht und in die Augen und bemüht sich dabei, mit ihm in Kontakt zu kommen. Dabei ist die Kontrolle der eigenen Gedanken hilfreich. Es ist störend, darüber nachzudenken, was der Partner gerade fühlt oder denkt; es ist störend, den Partner zu beurteilen, ihn psychologisch zu interpretieren oder über Vergangenheit und Zukunft des Partners zu spekulieren. Hilfreich ist vielmehr die umfassende Wahrnehmung des Partners.

Schritt 3: Der Gruppenleiter kann kurz skizzieren, womit die Teilnehmer in dieser so einfach scheinenden Übung zu rechnen haben. Bei vielen melden sich ganz überraschend eigene Gefühle, positive wie unangenehme, die zunächst unerklärlich scheinen. Viele haben das Bedürfnis, das Schweigen zu brechen, mit dem Partner zu reden, oder sie verspüren den Wunsch wegzulaufen. All diese Impulse machen uns darauf aufmerksam, wie komplex und bewegend es für uns sein kann, wenn wir uns wirklich auf einen anderen Menschen konzentrieren und zulassen, dass sich Vertrautheit zwischen uns entwickelt.

Schritt 4: Nach zehn Minuten wird das Ende der nonverbalen Kommunikation angekündigt. Die Partner können sich die Hand geben, oder sie können sich umarmen, wenn das für sie passend ist. Dann haben die Paare Gelegenheit, diese Übung auszuwerten:
- Welche Schwierigkeiten habe ich erlebt?
- Was habe ich Neues entdeckt an mir und an meinem Partner?
- Was geschieht, wenn ich schweigend mit jemandem zusammen bin?
- Welches sind meine größten Unsicherheiten bei meinen alltäglichen Beziehungen?
- Was möchte ich dazulernen?
- Wie hat sich mein Bild von meinem Partner verändert?
- Welche Gefühle hatte bzw. habe ich für ihn?
- Schafft das Reden jetzt mehr Nähe oder weniger? (15 Minuten)

Übung 4

Schriftliche Umarmung

Ziele: Hier können die Teilnehmer üben, ihre positiven Empfindungen deutlicher auszudrücken. Dies wirkt der Tendenz entgegen, dass wir uns allzu oft beklagen und Negatives in den Vordergrund stellen.

Zusammenfassung: Jeder wählt eine wichtige Person aus seinem Leben aus und schreibt eine kurze Würdigung der Vorzüge dieses Menschen. Es ist besonders sinnvoll, jemanden auszusuchen, der nie gehört hat, wie wichtig er für den Autor war.

Schritt 1: Such dir irgendeine Person aus, die eine bedeutende Rolle in deinem Leben gespielt hat. Verfasse einen kurzen Text, der deine Anerkennung, Verehrung, Dankbarkeit und Liebe ungehemmt zum Ausdruck bringt. Beschreibe, was du am meisten an dieser Person schätzt und wie sie dein Leben positiv beeinflusst hat. Du kannst dir jemanden aussuchen, der noch am Leben ist, aber du kannst dich auch für jemanden entscheiden, der schon gestorben ist oder den du aus den Augen verloren hast. Beobachte dabei die Kettenreaktion positiver Gefühle, die eintritt, wenn du mehr und mehr liebevolle Erinnerungen zu Papier bringst. Leg dir keine Zügel an und gib deinem poetischen Talent Gelegenheit, sich voll zu entfalten. Bemerke auch, wie sich dein Gefühl beim Schreiben verändert. Schreibe möglichst schnell, ohne längere Pausen und ohne deine Einfälle zu zensieren. Dieser Text ist nur für dich bestimmt, und du kannst später darüber nachdenken, was du damit machen möchtest. (10 Minuten)

Schritt 2: Die Teilnehmer kommen mit einem Partner zusammen, berichten von ihren Erfahrungen und lesen evtl. ihre Texte vor.

- Wie häufig spreche ich darüber, was mich erfreut, was ich genieße, wofür ich dankbar bin?
- Gibt es Menschen, die darauf warten, gelegentlich von mir gewürdigt zu werden?
- Wie reagiere ich selbst auf spontane Komplimente?

Übung 5

Was ich von dir weiss

Ziele: Viele Beziehungen leiden darunter, dass die Beteiligten zu wenig von der inneren Welt ihrer Partner, Freunde oder Mitarbeiter wissen. Hier können die Teilnehmer lernen, was sie über andere wissen sollten bzw. welche Themen relevant sind. Sie können den Fragebogen später benutzen, um Informationslücken zu füllen im Blick auf wichtige Menschen aus ihrem Alltagsleben.

Zusammenfassung: Die Teilnehmer bilden Paare, und jeder führt ein Interview, zu dem Notizen gemacht werden können. Basis für das Interview ist das Teilnehmermaterial «Was ich von dir weiß». Auf der Basis der gewonnenen Informationen wird ein schriftliches Persönlichkeitsporträt verfasst, das dem Partner am Ende als Geschenk übergeben wird.

Schritt 1: Die Teilnehmer suchen sich einen Partner, den sie gern besser kennenlernen möchten. Jeder hat zwanzig Minuten Zeit, um ein Interview mit dem Partner zu führen. Die Antworten können stichwortartig schriftlich festgehalten werden. (40 Minuten)

Schritt 2: Aus den gewonnenen Antworten komponiert jeder ein schriftliches Porträt des Partners, das von Respekt und Verständnis geprägt sein soll. Positive Aspekte stehen im Vordergrund, aber Schwierigkeiten sollen nicht verschwiegen werden. Für diese Aufgabe hat jeder dreißig Minuten Zeit.

Schritt 3: Die Partner tauschen sich kurz über ihr Erleben bei dieser Übung aus. Dann lesen sie einander die Porträts vor und überreichen sich anschließend gegenseitig die Texte als Geschenk, das an diesen Tag erinnern soll.

Teilnehmermaterial
«Was ich von dir weiss»

1. Wer sind deine besten Freunde?
2. Mit welchen Belastungen und Stressfaktoren hast du zur Zeit zu kämpfen?
3. Welche Menschen haben dich in letzter Zeit irritiert?
4. Welche Lebensträume sind in dir lebendig?
5. Was sind deine wichtigsten religiösen Überzeugungen?
6. Wie ist deine Lebensphilosophie?
7. Welche Verwandten siehst du eher kritisch?
8. Welches Buch oder welcher Film hat dich am meisten beeindruckt?
9. Was waren die drei wichtigsten Erlebnisse in deinem Leben?
10. Welches Ereignis hat dich in deiner Kindheit am meisten belastet?
11. Was ist deine schönste Kindheitserinnerung?
12. Wo findest du Unterstützung bei unvorhergesehenen Belastungen?
13. Was möchtest du in deinem Leben noch erreichen?
14. Welche einschneidenden Ereignisse werden noch auf dich zukommen?
15. Wer sind deine Rivalen oder «Feinde»?
16. Wo sind die Schwachstellen in deiner Gesundheit?
17. Welche Menschen bewunderst du am meisten?
18. Was tätest du, wenn du viel Geld in der Lotterie gewännest?
19. Worauf bist du besonders stolz?
20. Wie viel weiß dein Partner von deiner inneren Welt?
21. Was verbindet dich am meisten mit deinem Partner?
22. Was möchtest du lernen oder an deiner Persönlichkeit verändern?

Übung 6

Bewunderung wiederbeleben

Ziele: Jede Beziehung wird verbessert, wenn die Beteiligten häufiger darüber nachdenken, was sie aneinander bewundern. In der Alltagspraxis schieben sich häufig negative Beurteilungen in den Vordergrund, die zu Stress und Entfremdung führen. Diese Übung wirkt dem entgegen und veranlasst die Teilnehmer, sich auf die positiven Merkmale ihrer Partner zu konzentrieren.

Zusammenfassung: Der Gruppenleiter spricht kurz über die Bedeutung von ausgedrückter Wertschätzung und Bewunderung. Jeder von uns braucht solche expliziten Bestätigungen, um nachhaltig optimistisch und lebensfroh zu sein. In einer weiten Retrospektive erinnern sich die Teilnehmer ausschließlich an positive Aspekte ihrer Beziehung und bringen sich so in eine positive Stimmung. Gefühle für Frustration und Enttäuschung können auf diese Weise abgemildert oder aufgelöst werden. Die Teilnehmer notieren ihre positiven Assoziationen. Nach ca. 45 Minuten beginnt eine Phase der Einzelarbeit. Jeder Teilnehmer schreibt einen Liebesbrief an den Partner/die Partnerin zu Hause, der noch am selben Tage abgeschickt werden soll.

Schritt 1: Beziehungen vertragen nur eine geringe Dosis Kritik und Unzufriedenheit. Häufige kritische Gedanken unterminieren die Beziehung und die Lebensfreude der Beteiligten. Umgekehrt sind Gedanken der Bewunderung, der Begeisterung und der Dankbarkeit das Fundament für eine respektvolle und freundliche Beziehung.

Schritt 2: Die Teilnehmer notieren ihre Antworten auf die folgenden Fragen: (Alle Fragen beziehen sich auf den/die (Ehe-)Partner/in. Sie sollen daran erinnern, was jeder bisher mit seinem Partner an Schönem erlebt hat bzw. worauf er sich noch freuen kann.)

1. Denk einen Augenblick darüber nach, was du an deinem Partner magst. Notiere ein Charakteristikum, das du liebenswert oder anziehend findest...

2. Denk einen Augenblick über die guten Zeiten in deiner Ehe/deiner Partnerschaft nach. Such dir ein positives Ereignis aus und beschreibe es in einem Satz.
3. Denk darüber nach, dass du viele romantische Erinnerungen mit deiner Ehe/Partnerschaft verbindest. Wähle dir ein romantisches Ereignis aus und schreibe einen Satz darüber.
4. Mach dir bitte klar, dass du dich auch physisch von deinem Partner angezogen fühlst. Wähle ein körperliches Merkmal, das du gern hast, und beschreibe es in einem Satz.
5. Mach dir klar, dass dein Partner spezielle Qualitäten hat, auf die du stolz bist. Schreibe eine solche Eigenschaft deines Partners auf.
6. Erinnere dich daran, dass du in deiner Partnerschaft oft das «Wir» empfunden hast im Gegensatz zu dem manchmal einsamen «Ich». Notiere etwas, was dich mit deinem Partner verbindet.
7. Bitte denk daran, dass du eine Reihe von Werten und Überzeugungen mit deinem Partner teilst. Notiere eine Überzeugung, die dich mit deinem Partner verbindet.
8. Partner haben gemeinsame Ziele. Schreibe ein solches Ziel auf.
9. Wir erleben unseren Partner oft als unseren Vertrauten. Welches persönliche Geheimnis kennt dein Partner von dir? Notiere dieses.
10. Wenn dein Partner dir jetzt zuschauen könnte, wie würde er/sie das kommentieren, was du gerade tust?
11. Jede Beziehung lebt davon, dass sich die Partner wechselseitig unterstützen. Notiere ein Ereignis, bei dem dein Partner dich sehr unterstützt hat.
12. Wenn du dich an den Augenblick eures ersten Zusammentreffens erinnerst, dann beschreibe in ein paar Sätzen dieses erste Mal.
13. Erinnere dich an die Zeit, als ihr beide beschlossen habt zu heiraten oder zusammenzubleiben. Beschreibe in einem Satz, woran du dich erinnern kannst.
14. Erinnere dich an die Hochzeitszeremonie, die Flitterwochen oder die erste gemeinsame Reise. Schreibe eine Erinnerung auf, die du damals sehr genossen hast.
15. Eine Beziehung gedeiht besser, wenn die Partner ihr Leben gemeinsam planen. Beschreibe in einem Satz eine gelungene gemeinsame Planung.
16. Für eine Beziehung ist es wichtig, dass beide Partner stolz darauf sind. Nenne zwei Dinge in deiner Beziehung, auf die du stolz bist.

17. Niemand kann einen Partner finden, der völlig ohne Fehler ist. Mit welchen Schwächen deines Partners kannst du gut leben?
18. Erinnere dich daran, dass deine Partnerschaft besser ist als viele andere, die du kennst. Beschreibe eine schlechte Partnerschaft.
19. Vermutlich bist du heute noch froh, dass du deinen Partner kennengelernt hast. Schreibe einen Vorteil auf, den dir diese Beziehung bringt.
20. Manchmal müssen Konflikte und Krisen überstanden werden. Notiere eine schwierige Zeit, die ihr gemeinsam bestanden habt.
21. Gute Partner behalten das Interesse aneinander. Schreibe irgendetwas Neues auf, was du mit deinem Partner gemeinsam tun könntest.
22. Vermutlich findest du immer noch, dass dein Partner ein interessanter Mensch ist. Notiere eine Frage, die für euch beide interessant ist.
23. Wahrscheinlich würdest du dich noch einmal für deinen Partner entscheiden. Notiere eine Idee, wie du deinen nächsten Hochzeitstag bzw. den Jahrestag eures Kennenlernens mit deinem Partner verbringen könntest.

Schritt 3: Und nun lege deine Notizen beiseite und benutze alle diese positiven Erinnerungen, um einen Liebesbrief an deinen Partner/deine Partnerin zu schreiben. Vermutlich liegt der letzte Liebesbrief, den du ihm/ihr geschrieben hast, einige Zeit zurück, sodass es für dich ein interessantes Experiment sein kann, die kreative Stimme der Liebe wieder hervorzulocken. Schreibe schnell, ohne Vorplanung oder Zensur und lass dich dabei von der Kraft der Liebe und Bewunderung leiten. Du hast genau zehn Minuten Zeit. Anschließend bekommst du einen frankierten Umschlag von mir und ich werde dafür sorgen, dass alle diese Briefe noch heute auf die Reise gehen. (10 Minuten)

Schritt 4: Kommt nun in Quartetten zusammen und tauscht euch aus:
- Wie fühle ich mich jetzt?
- Welche Frage war schwer für mich zu beantworten?
- Wie würde mein Partner reagieren, wenn er alle meine Antworten verfolgt hätte?
- Was ist meine persönliche Philosophie der Liebe?

Übung 7

Meine innere Welt

Ziele: Je mehr wir voneinander wissen, desto haltbarer und interessanter wird eine Beziehung sein. Das gilt für Partnerschaft und Ehe, für enge Freundschaften und für die Beziehung zwischen Eltern und erwachsenen Kindern in gleicher Weise. Mit Hilfe eines Fragebogens können die Teilnehmer ihre eigene innere Welt erforschen, um die Ergebnisse und Einsichten dann mit ihrem Lebenspartner zu teilen.

Zusammenfassung: Die Teilnehmer beantworten die Fragen, die im Teilnehmermaterial zusammengestellt sind. Viele dieser Fragen sind tief gehend, darum brauchen die Teilnehmer genügend Zeit und Privatheit, um sich in Ruhe damit auseinandersetzen zu können. Am besten ist es, wenn jeder sich zunächst auf seinem Zimmer damit beschäftigt, und die Gruppe erst nach Anschluss der Einzelarbeit wieder zusammenkommt. Der Prozess des Schreibens ist für den Erfolg der Übung entscheidend.
Die Teilnehmer sollen ihre Aufzeichnungen nach dem Seminar mit nach Hause nehmen. Dort kann auch der Partner/die Partnerin den Fragebogen bearbeiten. Anschließend können beide ihre Aufzeichnungen austauschen. Das anschließende Gespräch führt zu vertieftem Verständnis und mehr Intimität.

Schritt 1: Der Gruppenleiter spricht über die wichtige Rolle, die Verständnis für die Entwicklung einer Beziehung spielt. Auch Partner, die glauben, dass sie wie ein offenes Buch zu lesen sind, müssen damit rechnen, dass der Partner viele Dinge von ihnen nicht weiß. Viele Missverständnisse und Spannungen in Beziehungen gehen schlicht auf Nichtwissen zurück.

Schritt 2: Die Teilnehmer gehen mit dem Teilnehmermaterial «Meine innere Welt» auf ihr Zimmer und haben insgesamt drei Stunden Zeit, um die insgesamt fünf Sektionen des Fragebogens schriftlich zu beantworten.

Schritt 3: Anschließend trifft sich die Gruppe im Plenum, um über die emotionalen und kognitiven Auswirkungen dieser Übung zu sprechen. Der Gruppenleiter empfiehlt, die Texte im Anschluss an das Seminar mit nach Hause zu nehmen und den Partner einzuladen, dieselben Fragen zu beantworten.

Schritt 4: Zur Vorbereitung der «Back-home-Situation» werden Paare gebildet, und die Partner einigen sich auf eine der fünf Sektionen, um einander ihre Notizen zu diesem Punkt vorzutragen. (30 Minuten)

Schritt 5: Die Paare werten die Übung gemeinsam aus:
- Was habe ich Neues über mich erfahren?
- Was sollte mein Partner unbedingt von mir wissen?
- Wie hat sich meine Stimmung entwickelt?
- Was beunruhigt mich, was stärkt mich?
- Bei welchen Fragen weiß ich zur Zeit nicht, was mein Partner antworten würde?

Teilnehmermaterial «Meine innere Welt»

Sektion 1: Meine Triumphe und meine Lebensziele:

1. Worauf bist du in deinem Leben besonders stolz? Schreibe deine psychologischen Triumphe auf, Ereignisse, bei denen du erfolgreicher warst, als du erwartet hattest, Zeiten, in denen du gestärkt aus Krisen hervorgegangen bist. Erwähne auch Phasen von erhöhtem Stress, die du gemeistert hast. Und notiere auch kleine Ereignisse, die vielleicht immer noch große Bedeutung für dich haben, Ereignisse aus deiner Kindheit oder der jüngsten Vergangenheit, wo du dir Ziele gesetzt hattest und sie erreicht hast, wo du dich mächtig gefühlt hast. Berichte von Siegen und Ruhm, von Freundschaften, die gehalten haben usw.
2. Wie haben diese Erfolge dein Leben geprägt? Wie haben sie dein Selbstbild und deine Fähigkeiten beeinflusst? Wie haben sie deine Ziele geprägt und die Wünsche, die du an das Leben hast?
3. Welche Rolle hat das Gefühl des Stolzes in deinem Leben gespielt? Haben deine Eltern dir gezeigt, dass sie stolz auf dich sind? Wie haben andere Menschen auf das reagiert, was du geschafft hast?
4. Haben deine Eltern dir gezeigt, dass sie dich lieben? Wie haben sie das gemacht? Wurde Zuneigung in deiner Kindheitsfamilie offen ausgedrückt? Hatte der Stil deiner Kindheitsfamilie im Umgang mit Zuneigung Auswirkungen auf dein Verhalten in deiner Ehe/Partnerschaft?
5. Welche Rolle spielt der Stolz, den du auf deine Erfolge empfindest, in deiner Ehe/Partnerschaft? Welche Rolle spielen deine Bestrebungen in deiner Ehe/Partnerschaft? Was soll dein Partner über deinen Ehrgeiz und deine Lebensziele wissen? Auf welche Weise zeigst du, dass du auch auf deinen Partner stolz bist?

Sektion 2: Meine Verletzungen und Heilungen:

1. Mit welchen schwierigen Ereignissen warst du bisher im Leben konfrontiert? Schreibe darüber, welche größeren psychologischen Wunden du davongetragen hast, was du verloren hast, welche Enttäuschungen und Krisen du überwinden musstest. Erwähne auch harte Zeiten und äußerlich vielleicht ruhige Zeiten, in denen du Verzweiflung, Hoffnungslosigkeit und Einsamkeit empfunden

hast. Erwähne auch jede tiefe Verletzung, die du als Kind oder Erwachsener erlitten hast, z. B. Alkoholismus eines Elternteils, körperliche Misshandlung, Vergewaltigung oder Demütigung.
2. Wie hast du diese Verletzungen überstanden? Was ist davon möglicherweise übrig geblieben?
3. Wie hast du Stärke entwickelt und deine Verletzungen geheilt? Wie hast du andere zur Verantwortung gezogen?
4. Wie schützt du dich, dass dir so etwas nicht wieder geschieht?
5. Wird deine Ehe von diesen Verletzungen und deinen Schutzmaßnahmen in irgendeiner Weise geprägt? Was soll dein Partner von deinen seelischen Wunden wissen, damit er dich besser verstehen kann?

Sektion 3: Meine emotionale Welt:
1. Wie wurden in deiner Kindheitsfamilie die folgenden Gefühle ausgedrückt: Ärger – Trauer – Furcht – Zuneigung – Interesse füreinander?
2. Gab es während deiner Kindheit ein spezielles emotionales Problem in deiner Familie, z. B.: Aggression zwischen den Eltern, die Depression eines Elternteils, eine Traumatisierung, die Vater oder Mutter schon aus ihrer Ursprungsfamilie mitgebracht hatten? Welche Bedeutung haben solche Probleme für deine eigene Ehe und für deine engen Beziehungen (mit Freunden, Eltern, Geschwistern oder eigenen Kindern)?
3. Welche Philosophie hast du selbst entwickelt, was den Umgang mit Gefühlen angeht, insbesondere mit Trauer, Ärger, Furcht, Stolz und Liebe? Hast du Schwierigkeiten, diese Gefühle auszudrücken? Bist du irritiert, wenn dein Partner diese Gefühle ausdrückt?
4. Welche Unterschiede im Ausdruck von Gefühlen gibt es zwischen dir und deinem Partner? Was steckt hinter diesen Unterschieden? Welche Konsequenzen ergeben sich für dich daraus?

Sektion 4: Meine Lebensaufgabe und mein Vermächtnis:
1. Stell dir vor, du bist auf einem Friedhof und stehst vor deinem eigenen Grabstein. Schreibe die Grabinschrift auf, die du für dich haben möchtest. Beginne mit den Worten: «Hier liegt...»

2. Schreibe deinen eigenen Nachruf. (Dieser Text kann ruhig etwas länger sein.) Was sollen die Menschen von deinem Leben wissen? Was sollen sie von dir in Erinnerung behalten?
3. Du bist nun darauf vorbereitet, deine Lebensaufgabe zu beschreiben: Worin besteht der Zweck deines Lebens? Welche Bedeutung hat dein Leben? Was möchtest du erreichen? Worum kämpfst du in deinem Leben?
4. Welches Vermächtnis möchtest du hinterlassen, wenn du stirbst?
5. Welche besonderen Ziele musst du noch verwirklichen?

Sektion 5: Wie möchte ich mich entwickeln?:
Lass dir einen Augenblick Zeit und denke über das nach, was du gerade geschrieben hast. Wir alle möchten uns verändern. Dazu müssen wir alle mit einer Reihe von Dämonen kämpfen und sie überwinden.

1. Beschreibe die Person, die du werden möchtest.
2. Was kannst du tun, um diese Person zu werden?
3. Welche Kämpfe hast du bereits geführt, um diese Person zu werden?
4. Mit welchen Dämonen in dir selbst musstest du kämpfen? Dauert dieser Kampf noch an?
5. Was möchtest du am liebsten an dir ändern?
6. Welche Träume hast du dir selbst nicht gestattet? Welche Träume hast du womöglich unterdrückt?
7. Wie soll dein Leben in fünf Jahren aussehen?
8. Wie wird das Leben der Person verlaufen, die du gern sein möchtest?

Übung 8

Ehre deinen Nächsten

Ziele: Wir ehren unseren Nächsten, indem wir seine Charakterstärken, seine Talente und seine körperliche Ausstrahlung uneingeschränkt zur Kenntnis nehmen und zeigen, dass wir alle diese Stärken schätzen; im Gegensatz dazu ist Verachtung der größte Beziehungskiller. Wenn wir jemanden verachten, lassen wir kein gutes Haar an ihm.

Zusammenfassung: Zu Beginn bearbeitet jeder für sich das Teilnehmermaterial, dann werden Paare gebildet. Die Partner besprechen die Übungen. In einem letzten Schritt wählen sie drei Charakteristika für den Übungspartner aus und drei illustrierende Ereignisse.

Schritt 1: Der Gruppenleiter gibt eine kurze Einführung: Alle Menschen haben das Bedürfnis, respektiert und geehrt zu werden. Spannungen in sozialen Gruppen und in der Familie führen oft dazu, dass einer zum Sündenbock gestempelt und für alles verantwortlich gemacht, kritisiert und verachtet wird. In einer guten Beziehung müssen die positiven Charakteristika der Beteiligten explizit anerkannt und offen zur Sprache gebracht werden. Sie sind die Basis für das notwendige Zusammengehörigkeitsgefühl.

Schritt 2: Die Teilnehmer bearbeiten das Teilnehmermaterial. Wir haben Vater und Mutter bewusst in die Betrachtung eingeschlossen. Die guten Seiten unserer Eltern anzuerkennen, ist die Voraussetzung dafür, dass wir großzügig und gerecht im Blick auf unsere anderen Beziehungen sein können.

Schritt 3: Jeder sucht sich einen Partner. Die Paare sprechen darüber, was ihnen bei der Beantwortung der Fragen durch den Kopf ging.

Schritt 4: Jeder versucht seinen Übungspartner einzuschätzen. Die Partner tauschen ihre Ergebnisse aus und werten dann das gesamte Experiment für sich aus:

- Wie häufig zeige ich anderen Menschen meinen Respekt?
- Welche Erfahrungen habe ich damit gemacht?
- Würden die anderen Mitglieder meiner Familie (Partner, Eltern, Kinder) sagen, dass ich genügend spezifische Anerkennung gebe?
- Wie sehr neige ich dazu, in Konflikten auf Kritik und Verachtung umzuschalten?
- Was ist der Unterschied zwischen einer Beschwerde und Kritik?
- Welche Konsequenzen möchte ich aus dieser Übung ziehen?

Teilnehmermaterial «Ehre deinen Nächsten»

Wähle aus der Liste mit Adjektiven jeweils drei positive Eigenschaften, die für die nachstehenden Personen charakteristisch sind. Notiere die Eigenschaft und irgendein Ereignis, das diesen Vorzug belegt:

1. dein Vater

Eigenschaft .... Ereignis ....
....
Eigenschaft .... Ereignis ....
....
Eigenschaft .... Ereignis ....
....

2. deine Mutter

Eigenschaft .... Ereignis ....
....
Eigenschaft .... Ereignis ....
....
Eigenschaft .... Ereignis ....
....

3. dein/e Partner/Partnerin

Eigenschaft .... Ereignis ....
....
Eigenschaft .... Ereignis ....
....
Eigenschaft .... Ereignis ....
....

4. ein Mitglied dieser Gruppe

Eigenschaft .... Ereignis ....
....
Eigenschaft .... Ereignis ....
....
Eigenschaft .... Ereignis ....
....

Liste der Adjektive

vertrauenswürdig	erfindungsreich
feinfühlig	sportlich
mutig	fröhlich
nachdenklich	anmutig
großzügig	elegant
loyal	gütig
ehrlich	spielerisch
stark	fürsorglich
tatkräftig	ein guter Freund
sexy	aufregend
entschlossen	sparsam
kreativ	voller Pläne
phantasievoll	schüchtern
ein guter Kumpel	verletzlich
attraktiv	zuverlässig
interessant	engagiert
hilfsbereit	expressiv
witzig	aktiv
rücksichtsvoll	umsichtig
zärtlich	reserviert
ordentlich	abenteuerlich
rezeptiv	gut aussehend
verlässlich	reich
verantwortlich	ruhig
liebevoll	lebhaft
mütterlich	guter Ehepartner
warmherzig	ein guter Vater/eine gute Mutter
männlich	standhaft
freundlich	beschützend
sanft	liebenswürdig
praktisch	zart
energisch	mächtig
witzig	flexibel
locker	verständnisvoll
schön	albern
weiblich	humorvoll

Übung 9

Mehr geben bedeutet mehr bekommen

Ziele: In diesem Ritual können sich die Teilnehmer mit ihrer persönlichen Liebestheorie auseinandersetzen. Sie können sich mit ihrer emotionalen Sparsamkeit konfrontieren und üben, diese zu überwinden. Sie können mit Großzügigkeit experimentieren und die Angst überwinden, ihre Ressourcen zu erschöpfen. Freigebigkeit in jeder Form ist für den Empfänger oft lebensnotwendig, aber für den Geber bedeutet sie eine Verbesserung seines Liebeslebens auf allen Ebenen.

Vorbereitung: Zu dieser Sitzung bringt jeder Teilnehmer ein geschätztes Objekt mit, von dem er sich nur schwer trennen kann. Nur wenn emotional wertvolle Objekte eingesetzt werden, hat das Ritual den gewünschten Effekt. Warnen Sie davor, ein «Entsorgungsritual» daraus zu machen. Die Objekte sollen eine hohe emotionale Bedeutung haben. Um das zu unterstreichen, schreibt jeder Teilnehmer ein «Zertifikat» aus, in dem Folgendes beschrieben wird:
- Wie bin ich in den Besitz des Objektes gekommen?
- Was ist seine Geschichte?
- Welche Bedeutung hat es für mich gehabt?
- Warum bin ich bereit, mich jetzt davon zu trennen?

Dieses Zertifikat wird zusammengerollt und an dem Objekt befestigt. Zur Vorbereitung des Rituals beschreibt jeder weiterhin seine persönliche Theorie der Liebe, sein «Liebesbekenntnis». Darin sollten folgende Fragen beantwortet werden:
- Wenn ich selbst liebe, was habe ich zu geben?
- Wenn ich geliebt werde, was möchte ich bekommen?
- Versuche ich, in der Liebe mehr zu bekommen als zu geben?
- Welche Erfahrungen habe ich mit großzügiger Liebe gemacht?
- Wie verläuft meine Liebesbilanz? Werde ich von Jahr zu Jahr großzügiger, gebebereiter? Haben mich Enttäuschungen dazu gebracht, geiziger mit meiner Liebe zu werden?
- Auf welche Weise liebe ich Menschen, die nicht zu meinem engsten Lebenskreis gehören?

Um etwas Objektivität zu schaffen, soll jeder Teilnehmer zwei Personen befragen, was sie von seiner Liebesfähigkeit halten. Diese beiden Statements sollen in das Liebesbekenntnis eingearbeitet werden. (1 bis 2 Seiten)

Zusammenfassung: Der Gruppenleiter eröffnet das Ritual. Die Teilnehmer verlesen ihre Liebesbekenntnisse. Sie präsentieren ihre Geschenke, und die Gruppe beginnt mit deren Verteilung.

Schritt 1: Die Gruppe sitzt im Kreis. Nacheinander lesen die Teilnehmer ihre Liebesbekenntnisse vor. Wer gerade an der Reihe ist, zündet ein Teelicht an und stellt das brennende Licht in der Mitte auf den Boden. Die einzelnen Bekenntnisse werden nicht diskutiert, es werden keine Fragen gestellt oder Kommentare abgegeben. Wenn alle gelesen haben, beendet die Gruppe den ersten Teil des Rituals, indem sie gemeinsam die Teelichter ausbläst.

Schritt 2: In der Mitte (die Teelichter werden vorher entfernt) werden jetzt nacheinander die mitgebrachten Liebesgaben deponiert. Immer ein Objekt zur Zeit wird dort hingelegt, und der Geber erläutert mündlich, worum es sich handelt, welche Bedeutung das Objekt hat und warum er sich jetzt davon trennen kann. Jeder erklärt ausdrücklich, dass er sein Geschenk für die Gruppe freigibt und dass er hofft, dass es einem anderen Gruppenmitglied Freude bereiten wird.

Schritt 3: Jetzt beginnt die Auswahl der Geschenke. Immer ein Teilnehmer kann sein Interesse für eines der Objekte kundtun und mitteilen, was daran attraktiv für ihn ist, was es für ihn bedeuten würde, dieses Objekt zu bekommen. Wenn es keinen anderen Bewerber gibt, kann er dieses Objekt an sich nehmen. Wenn es mehrere Interessenten gibt, dann setzen diese sich in der Mitte auf den Boden, legen das begehrte Objekt vor sich hin und entscheiden gemeinsam, wer es bekommen soll. Hier ist Einstimmigkeit erforderlich. Die Interessenten müssen sich also einigen. Wenn der Einigungsprozess schwierig ist, kann der Gruppenleiter von Zeit zu Zeit die übrigen im großen Kreis sitzenden Mitglieder auffordern, ihre Gedanken beizutragen. Dieser Prozess der Verteilung braucht genügend Zeit. Oft entstehen dabei wichtige Einsichten in das eigene Verhalten und in die Empfindlichkeiten und Bedürfnisse der anderen Teilnehmer. Oft lassen sich Verbindungen zu den Liebesbekenntnissen herstellen.

Schritt 4: Wenn jeder Teilnehmer ein neues Objekt bekommen hat, bedankt sich jeder a) bei demjenigen, der dieses Geschenk zur Verfügung gestellt hat, und b) bei denjenigen, die ihn unterstützt haben bzw. die selbst verzichtet haben. Wenn sich alle bedankt haben, beschließt der Gruppenleiter, das Ritual, indem er allen dankt, dass sie bereit waren, an diesem sensiblen Thema mitzuarbeiten.

Schritt 5: Eine kurze Auswertung soll angeschlossen werden:
- Was habe ich bei diesem Experiment gewonnen?
- Welche neuen Erfahrungen habe ich gemacht?
- Welche Gefühle habe ich im Verlaufe des Rituals erlebt?
- Welche Konsequenz möchte ich aus dieser Übung ziehen?

Übung 10

Verluste anerkennen

Ziele: Die Teilnehmer konzentrieren sich auf einen schmerzlichen Verlust, den sie erlitten haben, insbesondere auf den Verlust eines nahestehenden Menschen durch den Tod, durch eine Trennung oder dadurch, dass sich die Lebenswege voneinander entfernt haben. Statt den Verlust zu verleugnen, erinnern sie sich daran, wie sehr sie die verlorene Person geliebt haben, in welchem Ausmaß sie ein Segen für sie war, und sie drücken ihre Dankbarkeit aus für alles, was die verlorene Person an Freude und Reichtum in ihr Leben gebracht hat. Sie machen aus dieser Erinnerung ein kleines Kunstwerk, indem sie entweder in Prosa oder in Versen ihre Gedanken und Erinnerungen zu Papier bringen.

Zusammenfassung: Die Teilnehmer schreiben eine halbe Stunde über ihre Erinnerungen an den schmerzlichen Verlust eines ihnen nahestehenden Menschen. Sie können sich dabei innerlich von der Person verabschieden, nachdem sie ihr zuvor ihre Dankbarkeit ausgedrückt haben. Diese Texte sollen nicht veröffentlicht werden. Am Ende kommen die Teilnehmer in Trios zusammen, um darüber zu sprechen, welche Empfindungen und Gedanken diese Übung in ihnen ausgelöst hat.

Schritt 1: Der Gruppenleiter spricht kurz über das Thema Verluste: Fast alles, was wir im Leben bekommen, müssen wir irgendwann aufgeben. Oft verleugnen wir schmerzliche Verluste. Wir versuchen, nicht mehr daran zu denken. Dieses Ausweichen kostet viel Energie, die darauf verwandt wird, die Mauer des Vergessens undurchlässig zu halten. Auf diese Weise wird jedoch unsere Fähigkeit zu lieben in unseren aktuellen Beziehungen eingeschränkt.
In dieser Übung kann die Trauer über einen Verlust zum Teil in bleibende Dankbarkeit und Liebe umgewandelt werden. Das Vertrauen in die Großzügigkeit des Schicksals oder der höheren Mächte kann wiederhergestellt werden.

Schritt 2: Jeder Teilnehmer nimmt ein Blatt Papier und schreibt seine Erinnerungen an einen Menschen auf, den er verloren hat. In einigen Fällen wird dieser Mensch nicht mehr am Leben sein, in anderen Fällen gab es eine schmerzliche Trennung, oder der Betreffende ist «einfach so» aus meinem Leben verschwunden. Schreibend bringt der Autor zum Ausdruck, wie intensiv er diese Person geliebt hat, welche Bedeutung sie für ihn hatte, welche Erinnerungen im Vordergrund stehen und wie tief die Gefühle für sie waren. Kernpunkt dieser Trauerarbeit ist es, die eigene Dankbarkeit auszudrücken für alles, was ich von der verlorenen Person bekommen habe. Diese Dankbarkeit und die Erinnerung an meine Liebe bleibt mir erhalten und kann meine Hoffnung bestärken, dass das Schicksal mir immer wieder Menschen begegnen lassen wird, deren Existenz für mich ein Segen ist. Der Text, der so entsteht, kann in Prosa oder in Versen abgefasst sein, er kann die Form eines Monologes, eines Briefes oder eines kurzen Essays bekommen. Es ist empfehlenswert, schnell zu schreiben, sich spontan auszudrücken und sich keine großen Gedanken um Stil oder rhetorischen Aufbau zu machen. (30 Minuten)

Schritt 3: Die Teilnehmer kommen in Trios zusammen und sprechen darüber, wie sie sich im Augenblick fühlen, wie sich Trauer, Liebe und Dankbarkeit in ihren Herzen mischen. Sie können einander auch mitteilen, was jeder von ihnen tut, um sich trotz solcher unvermeidbarer Verluste im Universum geborgen zu fühlen. Die Texte sollen nicht vorgelesen werden. Die Teilnehmer sollen sich auch nicht gegenseitig raten oder trösten, sondern sie sollen nur offen sein für alle Reaktionen der Mitglieder im Trio. (15 Minuten)

Schritt 4: Auswertung im Plenum:
- Von wem habe ich mich schreibend verabschiedet?
- Habe ich mit der heilenden Kraft des Schreibens schon vorher Erfahrungen gemacht?
- Wie lange dauern Trauerprozesse?
- Wozu führt nicht ausgedrückte Dankbarkeit?
- Welche anderen Aktivitäten helfen mir, mit Kummer und Verlusten zurechtzukommen?

Übung 11

Dankbarkeit

Ziele: Dankbarkeit führt zu einer positiven Stimmung. Sie zerstreut pessimistische Gedanken und bildet die Basis für ein solides Glücksgefühl. Sie stärkt die Verbindung mit der Welt und mit den Menschen in unserer Umgebung.

Zusammenfassung: Wir beginnen die erste Gruppensitzung des Tages mit einer ganz informellen Dankbarkeitsmeditation, dann richten wir unsere Aufmerksamkeit auf diejenigen Gruppenmitglieder, die in den vorangegangenen Sitzungen auf irgendeine Weise zu unserem Wohlergehen beigetragen haben, und schreiben an sie kurze Botschaften der Dankbarkeit. Anschließend werden die Kärtchen verteilt. Auf diese Weise beginnt der Tag mit einer positiven Note, die die Gruppenkohäsion stärkt.

Schritt 1: Der Gruppenleiter weist darauf hin, dass Dankbarkeit ein vorzügliches Mittel ist gegen Depression, Stress und Einsamkeit. Alles, was wir tun, gelingt besser, wenn wir zu Beginn einer Tätigkeit kurz darüber nachdenken, wofür wir dankbar sein können. Wenn wir uns z. B. vor einer Autofahrt anschnallen, können wir tief einatmen und uns darüber freuen, dass uns das Auto ermöglicht, viele verschiedene Plätze zu erreichen, uns frei zu fühlen etc.

Schritt 2: Die Teilnehmer verteilen sich im Raum und suchen sich einen angenehmen Platz. Dann schauen sie sich um und denken darüber nach, wie dankbar sie dafür sein können, dass sie ihren Körper spüren, während sie sich strecken und bewusst tief und entspannt einatmen. Sie können dankbar dafür sein, dass sie ein Mitglied dieser Gruppe sind und dass sie hier viele nette Menschen gefunden haben. Sie können an ihre Angehörigen denken und Dank dafür empfinden, dass sie gemeinsam eine Familie bilden, die zusammenhält. Nach und nach können die Teilnehmer an immer größer werdende Teile der Welt denken, für die sie ebenfalls Gefühle der Dankbarkeit haben. (5 Minuten)

Schritt 3: Die Teilnehmer werden daran erinnert, dass mitgeteilte Dankbarkeit eine gute Möglichkeit ist, unsere Wertschätzung und unseren Respekt für andere auszudrücken. Jeder nimmt sich ein paar Kärtchen und schreibt ein paar kurze Worte des Dankes an andere Teilnehmer, von denen er in den vorangegangenen Sitzungen etwas bekommen hat, über das er sich gefreut hat – ein Lächeln, ein Feedback, eine neue Idee usw. (10 Minuten)

Schritt 4: Die Teilnehmer übergeben den Empfängern ihre Mitteilungen, ohne zu sprechen, aber vielleicht mit einer freundlichen Geste. Anschließend lesen die Gruppenmitglieder vor, was auf den Kärtchen steht, die sie bekommen haben.

Übung 12

Liebesliste

Ziele: Die «Liebesliste» ist ein einfaches und praktikables Instrument, mit dem man seinen Partner ehren kann. Bei Konflikten, bei akuten Enttäuschungen oder Frustrationen durch den Partner kann diese Liste unsere Aufregung dämpfen und unsere Kommunikationsfähigkeit wieder herstellen. Sie hilft, Angriffe auf den Charakter des Partners zu vermeiden.

Zusammenfassung: Die Teilnehmer erinnern sich daran, warum sie ihren Partner/ihre Partnerin allen anderen Menschen vorgezogen haben, und notieren die zehn Charakterzüge, Gewohnheiten oder körperlichen Vorzüge, die sie damals begeistert haben. Dann kommen sie in Quartetten zusammen und stellen Überlegungen dazu an, auf welche Weise diese Liste dazu beitragen kann, eine Beziehung liebevoll und stabil zu erhalten. (Auch Personen, die zur Zeit keine feste Beziehung haben, kann die «Liebesliste» helfen. Sie können daraus für künftige Partnerschaften lernen.)

Schritt 1: Der Gruppenleiter gibt eine kurze Einführung: In stabilen Beziehungen sehen sich beide Partner jeweils als bester Freund des anderen. Dazu gehört, dass beide immer wieder zeigen, dass sie dem anderen mit Respekt und einer gewissen Verehrung begegnen. Das Gegenteil von Verehrung ist Verachtung; in diesem Falle konzentriert sich ein Partner vor allem auf die Schwächen des anderen, er schaut auf ihn herab. Der andere zieht sich dann oft hinter eine Mauer des Schweigens zurück (Männer) oder kontert mit «Nörgeln» (Frauen).

Schritt 2: Die Teilnehmer werden aufgefordert, insbesondere an den Anfang ihrer Beziehung zurückzudenken und sich daran zu erinnern, welche Charakteristika des Partners/der Partnerin sie damals so sehr geschätzt haben, dass sie sich mit ihm/ihr dauerhaft verbinden wollten. Was hat damals deine Begeisterung ausgelöst? Was hat dich damals angezogen? Jeder notiert zehn solcher Punkte auf einem Blatt, das die Überschrift trägt: «Liebesliste». (10 Minuten)

Schritt 3: Es werden Quartette gebildet, und die Teilnehmer tauschen sich zunächst darüber aus, was sie beim Zusammenstellen der Liebesliste empfunden haben und welche Gedanken ihnen durch den Kopf gegangen sind. Anschließend überlegen sie sich möglichst viele verschiedene Möglichkeiten, wie sie dieses Dokument ihrer Liebe im Alltag mit dem Partner möglichst kreativ benutzen können. Ausgangspunkt für ihre Überlegungen ist die Tatsache, dass es bei jedem Menschen ein Grundbedürfnis nach expliziter Wertschätzung gibt. Die Teilnehmer notieren ihre Einfälle auf einem Flipchart. (30 Minuten)

Schritt 4: Die Quartette kommen im Plenum zusammen und stellen ihre Anregungen vor. Gegebenenfalls weist der Gruppenleiter auf eine spezielle Verwendung hin: Die Liste kann als «emotionale Notbremse» in Beziehungskrisen dienen. Wenn ich akut von meinem Partner/meiner Partnerin frustriert fühle oder wütend auf ihn/sie bin, dann kann ich mich mit der Liste an einen ungestörten Platz zurückziehen. Ich schließe die Augen, atme tief und bemerke zunächst alle negativen Gefühle, die ich habe. Eine nach der anderen lasse ich dann diese negativen Empfindungen los und genieße meine Erleichterung darüber, denn mein Geist hat jetzt wieder Raum zum Atmen. Dann nehme ich meine Liste zur Hand und lese sie Punkt für Punkt durch. Und ich gestatte den positiven und respektvollen Gefühlen, die freien Räume in meinem Geist zu füllen...

Schritt 5: Auswertung:
- War es in meiner Kindheitsfamilie gestattet, positives Feedback und Wertschätzung auszudrücken?
- Wie haben meine Eltern einander geehrt?
- Dominierte eine kritische Einstellung in meiner Kindheitsfamilie?
- Wie leicht fällt es mir selbst heute, Freude, Begeisterung und Dankbarkeit auszudrücken?
- Bekomme ich selbst im Alltag genug Anerkennung? Wenn das nicht der Fall ist, könnte ich damit beginnen, selbst häufiger meinen Respekt und meine Verehrung auszudrücken?

Übung 13

Den Eltern danken

Ziele: Um vollständig erwachsen zu werden, müssen wir uns von unseren Eltern emotional trennen. Diese Trennung kann erst stattfinden, wenn wir anerkennen können, was wir von unseren Eltern bekommen haben, und wenn wir Dankbarkeit für sie empfinden können.

Zusammenfassung: Die Teilnehmer schreiben je einen Brief an Vater und Mutter und bedanken sich für das, was sie von ihnen bekommen haben. Sie konzentrieren sich dabei auf die Dinge, die ihnen besonders wichtig sind. Anschließend liest jeder seine Briefe noch einmal durch, aber aus der Perspektive seiner persönlichen Werte. Die «Geschenke» unserer Eltern reflektieren nämlich oft, ohne dass wir uns dessen bewusst wären, unsere eigenen höchsten Werte. Anschließend werden Paare gebildet, und die Briefe können vorgelesen werden. Die Partner teilen einander mit, was diese Übung ihnen bedeutet hat. Sie können überlegen, was sie mit diesen Anregungen machen wollen.

Schritt 1: Der Gruppenleiter gibt eine kurze Einführung: Um erwachsen zu werden, müssen wir lernen, unsere Eltern aus einer objektiven Perspektive zu betrachten, als Menschen mit einem eigenen Schicksal und mit spezifischen Stärken und Schwächen. Heute ist eine kritische Einstellung den Eltern gegenüber verbreitet; deren Versäumnisse und Fehler werden aber häufig als Begründung benutzt für eigene Schwierigkeiten und Charakterschwächen. Wir können aus dieser Opferrolle heraustreten, wenn wir uns die Dinge bewusst machen, für die wir unseren Eltern dankbar sein können. Das bedeutet nicht, dass ich die Schwächen und Fehler meiner Eltern nicht mehr sehe oder ausblende, was in ihrem Verhalten mir gegenüber falsch war. Dankbarkeit impliziert aber, dass ich mich als erwachsene, selbstverantwortliche Person sehe und als Autor meiner eigenen Lebensgeschichte.

Schritt 2: Die Teilnehmer schreiben Briefe an beide Eltern und bedanken sich für die Dinge, die sie von ihnen bekommen haben. Sie konzentrieren sich auf solche Geschenke, die sie auch heute noch für wertvoll halten, sodass sie bestrebt sind, Ähnliches an die eigenen Kinder oder an den Partner weiterzugeben. Für einige Teilnehmer, die eine problematische Kindheit hatten, kann das eine schwierige Übung sein, aber um so wichtiger ist es, wenigstens ein oder zwei Dinge zu finden, für die sie Dankbarkeit empfinden können. Manchmal ist es hilfreich, wenn sich die Teilnehmer vorstellen, wie die Eltern reagieren würden, wenn sie diesen Brief tatsächlich lesen könnten. (20 Minuten)

Schritt 3: Der Brief wird nun noch einmal durchgelesen, und zwar aus einer neuen Perspektive: Auf welche Weise spiegeln die «Geschenke» meiner Eltern an mich meine eigenen wichtigsten Werte? Wenn ich z. B. dankbar bin für Reisen, die meine Eltern mit mir gemacht haben, dann kann dadurch Verschiedenes zum Ausdruck kommen. Es kann bedeuten, dass es ein hoher Wert für mich ist, wenn die Familie zusammen ist, dass ich es schätze, wenn ich etwas Neues lerne oder wenn ich ein Abenteuer erlebe. Die Teilnehmer nehmen ein neues Blatt Papier und notieren in ein paar Sätzen, was der Brief über ihr persönliches Wertesystem ausdrückt.

Schritt 4: Die Teilnehmer kommen mit einem Partner zusammen, um über die Übung zu sprechen. Sie können sich gegenseitig ihre Briefe vorlesen und über ihre emotionalen Reaktionen sprechen. Sie können gemeinsam darüber reflektieren, was sie mit ihren Briefen anfangen wollen. (Solche Briefe eignen sich gut für wichtige Zeremonien in der Familie aus Anlass der eigenen Hochzeit, des Geburtstags von Vater oder Mutter, wenn ein Kind geboren wurde usw.)

Schritt 5: Auswertung:
- Fiel es mir schwer, Dinge zu benennen, für die ich meinen Eltern dankbar bin?
- Wenn meine Erinnerungen an die Kindheit eher negativ geprägt waren, hat diese Übung etwas an diesem Bild verändert?
- Wieweit ist mein eigener Wertekanon Erbe der Familientradition?
- Für welche Werte habe ich mich selbst, unabhängig von den Eltern, außerdem entschieden?
- Auf welche Weise pflege ich meine persönlichen Grundwerte?

Übung 14

Zwei Briefe

Ziele: Aus zwei verschiedenen Perspektiven können die Teilnehmer das eigene Leben würdigen und das Gefühl entwickeln, dass ihr Leben ein zusammenhängendes Ganzes bildet, dass es wertvoll ist und sinnvoll. Gleichzeitig kann das Leben in einen größeren Kontext gestellt und mit der Geschichte verbunden werden.

Zusammenfassung: Die Teilnehmer schreiben zwei Briefe. Der Adressat des ersten Briefes sind die sogenannten höheren Mächte, das Universum, Gott oder das Leben. Hier geht es darum, für die Fülle des eigenen Lebens zu danken. Der zweite Brief wird aus der Perspektive eines guten Freundes geschrieben. Er soll eine Art Nachruf sein nach dem eigenen Tod. Hier geht es um eine Würdigung unseres Lebens und um die Bedeutung dieses Lebens für andere, für die Familie, für unsere Freunde und für die Gesellschaft. Im Plenum soll möglichst von jedem Teilnehmer einer der Briefe vorgetragen werden.

Schritt 1: Der Gruppenleiter spricht kurz darüber, dass die meisten Menschen ein spirituelles Grundbedürfnis haben. Sie möchten erkennen, welche Aufgabe sie im Leben haben, wozu sie auf die Welt gekommen sind, welchen Beitrag sie zu der kollektiven Geschichte der Menschheit leisten können. Mit anderen Worten: Jeder hat ein Bedürfnis, Sinn in seinem Leben zu entdecken. Vielleicht versprechen wir uns davon eine gewisse Unsterblichkeit und einen Schutz vor unserer eigenen Vergänglichkeit.

Schritt 2: Jeder Teilnehmer schreibt einen ersten Brief an eine transpersonale Macht – an das Universum, an Gott, an eine religiöse Persönlichkeit oder an das Leben überhaupt. In diesem Brief soll Dank ausgedrückt werden für das eigene Leben. Teilnehmer, die gerade in einer schweren Krise sind, werden darin eine ernste Herausforderung sehen, aber gerade für sie lohnt sich diese Übung besonders. Auch mit Tränen in den Augen können wir dem Universum danken. Wofür kann Dank ausgedrückt werden: für alles was uns wichtig ist, für

Menschen, Dinge, Fähigkeiten, Gelegenheiten, für Ereignisse, für Prüfungen, für Lernchancen, für Kummer und für Glück, für alles, was unseren Willen zum Leben angeregt hat. (20 Minuten)

Schritt 3: Jetzt schreiben die Teilnehmer einen zweiten Brief, der eigentlich erst nach unserem Tod geschrieben werden kann. Als Verfasser stellen wir uns jemanden vor, der uns gut kennt und liebt. Der Brief soll sich an jemanden wenden, der uns ebenfalls intim kennt und liebt. Beim Verfasser und Empfänger dieses Briefes kann es sich um reale Menschen handeln, die wir kennen, es können aber auch erfundene Personen sein.
Der Autor dieses Briefes reflektiert über unser Leben, als ob er es aus eigener Anschauung kennt, und er kann auch Berichte anderer Menschen über uns verarbeiten. Der Autor soll unser Leben aus einer Perspektive der Sympathie, des Respekts und der Wertschätzung interpretieren, und er soll seine Würdigung mit etwas Humor würzen. Der Autor soll versuchen, den ganzen Bogen unseres Lebens zu beschreiben, und alle wichtigen Dinge erwähnen: unsere Siege und Niederlagen, Opfer, die wir gebracht haben, Glück, das wir genossen haben, die Leitmotive unseres Lebens, unsere Leidenschaften und unseren Beitrag für die Zukunft. Dabei soll er unsere Einmaligkeit ebenso darstellen wie unsere Eigenschaften als ganz gewöhnlicher Mensch. (20 Minuten)

Schritt 4: Die Gruppe kommt im Plenum zusammen. Jeder berichtet kurz, was er bei dieser Übung erlebt hat. Dann sollte möglichst jeder einen seiner Briefe vortragen.

Schritt 5: Auswertung:
- Welchen der Briefe konnte ich leichter schreiben?
- Was habe ich Neues über mich erfahren?
- Mit welchen Gefühlen blicke ich in die Zukunft?
- Wann nehme ich mir Zeit, mich mit Sinnfragen meines Lebens zu beschäftigen?
- Was ist das entscheidende Thema meines Lebens?
- Wie erlebe ich meine eigene Verbindung zu den höheren Mächten der Welt?

Übung 15

Einen Altar bauen

Ziele: Die Gruppe kommt zu einem Ritual zusammen, das die Lebensgeschichte jedes einzelnen Teilnehmers würdigt. Aber der Blick geht dabei nicht nur zurück, sondern auch in die Zukunft. Die gemeinsame Aktion unterstreicht die Tatsache, dass wir nicht allein sind auf unserem Weg durch die Welt. Der Altar kann früh im Leben der Gruppe gebaut werden und im Gruppenraum stehen bleiben, damit die Teilnehmer Gelegenheit haben, im Laufe der Zeit neue Dinge hinzuzufügen. Schließlich können die Teilnehmer diese Aktivität als Modell betrachten und den Entschluss fassen, auch bei sich zu Hause einen solchen Familienaltar einzurichten, der auch in einer säkularen Welt die spirituellen Bedürfnisse von Eltern und Kindern berücksichtigt.

Zusammenfassung: Diese Übung braucht eine Vorbereitung. Auf einer vorangehenden Sitzung stimmen sich die Teilnehmer ein, und sie bringen dann ganz verschiedene Erinnerungsobjekte zu dieser Sitzung mit, z. B. Fotos, Kinderzeichnungen, Flugscheine, Babyschuhe, Urkunden, Zeitungsausschnitte, Urlaubserinnerungen, Briefe, mit anderen Worten, ein breites Spektrum an Memorabilia aus dem eigenen Leben.

In einer Ecke des Gruppenraumes bauen die Teilnehmer gemeinsam einen Altar. Dieser Altar hat keine spezielle religiöse Bedeutung, er soll ein Ort der Ruhe, der Konzentration, der Kontemplation und der Besinnung sein. Der Gruppenleiter bringt verschiedene Stoffe, Tischdecken und Ähnliches mit, und sorgt so für die Grunddekoration. Dann beginnen die Teilnehmer, ihre Memorabilia auf dem Altar aufzubauen. Das sollte im Wesentlichen schweigend geschehen, aber gelegentliche Abstimmungen sind möglich. Wichtig ist, dass der Altar den ästhetischen Bedürfnissen der Teilnehmer gerecht wird. Anschließend erhält jeder Teilnehmer eine kurze Redezeit, um die Dinge zu kommentieren, die er mitgebracht hat.

Vorbereitung: Die Teilnehmer nehmen ein Blatt Papier und geben ihm die Überschrift: «Dinge, für die ich dankbar bin». Anschließend stellen sie eine entsprechende Liste zusammen. Sie machen sich dabei klar, dass alles, wofür sie dankbar sind, ihnen gegeben wurde und dass es ihnen irgendwann wieder genommen werden wird. Das Bleibende ist ihre Erinnerung und das Gefühl der Dankbarkeit. Diese Liste dient als Anhaltspunkte für die Auswahl von symbolischen Objekten, die an wichtige Ereignisse, an Menschen und Erlebnisse erinnern sollen, die in ihrem Leben eine Rolle gespielt haben: Glück und Leid, Erfolge und Misserfolge, alles kann dabei berücksichtigt werden. Mit der Auswahl seiner Memorabilia soll jeder Teilnehmer den anderen Gruppenmitgliedern einen repräsentativen Einblick in die Dynamik des eigenen Lebens geben. Am Ende der Vorbereitung wird festgelegt, wann der gemeinsame Altar gebaut werden soll.

Schritt 1: Der Gruppenleiter spricht kurz über die Bedeutung von Tagebüchern und Autobiografien, die eine wichtige Möglichkeit sind, das eigene Leben zu betrachten, den eigenen Lebensprozess zu verstehen und weiter zu gestalten. In dieser Sitzung geht es um eine vergleichbare Praxis, bei der Worte jedoch weniger wichtig sind. Hier sprechen vor allem die Symbole aus dem eigenen Leben. Die damit verbundene Anschaulichkeit gibt spezifische Erlebnismöglichkeiten.

Schritt 2: In einer Ecke des Raumes werden Tische zusammengestellt, die den Altar bilden. Sie werden mit Stoff abgedeckt, und die Teilnehmer beginnen, ihre Memorabilia dort aufzubauen. Es wird möglichst wenig gesprochen und die Teilnehmer gehen improvisierend und intuitiv vor. Wenn der Altar fertig aufgebaut ist, setzt sich die Gruppe im Halbkreis darum herum.

Schritt 3: Nun können die Teilnehmer ihre Mitbringsel erläutern und über ihre Eindrücke und Gefühle sprechen, die sie im Augenblick bemerken: Was hat sich für mich dadurch verändert, dass meine Erinnerungsstücke an diesem Platz mit all den anderen Dingen untergebracht sind? Jeder versucht, sich den Anregungen zu öffnen, die dadurch entstehen, dass hier ein gemeinsamer Platz der positiven Erinnerung entstanden ist.

Schritt 4: Wenn jeder gesprochen hat, gibt es eine kurze Auswertung:
- Was habe ich in dieser Übung für mich gewonnen?
- Was kann ich nur schwer in Worte fassen?
- Wie empfinde ich die Gemeinschaft der Gruppe?
- Welche Impulse kann ich für die Zukunft mitnehmen?

Kapitel IV
Perspektiven der Liebe

In diesem letzten Kapitel geht es um eine liebevolle Einstellung, nicht nur zu den Menschen, die uns besonders nahestehen, sondern im Blick auf unser ganzes Leben und im Blick auf die Welt. Der Zauberer Don Juan empfiehlt seinem Schüler Carlos Castañeda, liebevoll durch die Welt zu gehen: *Schau dir jeden Weg ganz genau und bewusst an. Lass dir dafür so viel Zeit, wie du brauchst. Dann stell dir selbst, und wirklich nur dir selbst, eine Frage. Diese Frage wird für gewöhnlich nur von sehr alten Menschen gestellt... Jetzt habe ich sie endlich verstanden. Ich will dir sagen, wie die Frage lautet: «Hat dieser Weg ein Herz?» Wenn das der Fall ist, dann ist der Weg gut; wenn das nicht der Fall ist, dann hat der Weg keinen Nutzen für dich.*

Die Übungen in diesem Kapitel sollen den Teilnehmern helfen, einen Weg durchs Leben zu finden, der ein «Herz» hat. Niemand kann uns sagen, welchen Weg wir wählen sollen, aber wenn wir aufmerksam sind, dann werden wir immer eine Antwort auf diese Frage finden.

Ich möchte noch einmal auf Martin Seligman zurückkommen, der zu Beginn seiner Präsidentschaft in der APA (American Psychological Association) deutlich spürte, dass er einen neuen Weg einschlagen musste, um sich als Psychotherapeut und Wissenschaftler nicht zu wiederholen. Er wollte einen neuen Akzent setzen, eine neue praktische Theorie finden, die einen deutlichen Nutzen für Wissenschaft und Therapie haben würde. Für einen Forscher wie Seligman wäre der Hinweis eines Don Juan schwer akzeptabel gewesen, aber Martin Seligman liebte seine kleine Tochter Nikki so sehr, dass er ihre Kritik an seiner chronischen Missgelauntheit vollständig akzeptieren konnte. Für sich persönlich beschloss er auf der Stelle, sich zu ändern und sanfter und freundlicher zu werden. Aber er zog aus der mutigen Intervention seiner fünfjährigen Tochter eine noch weiter reichende Konsequenz: Er verabschiedete sich von dem alten Krankheits- und Reparaturmodell der Psychologie; er hatte für sich einen Weg gefunden, der ein «Herz» hatte.

Wenn wir uns immer wieder fragen: «Hat der Weg, den ich gehe, ein ‹Herz›?», dann haben wir schon einen Schritt in die richtige Richtung gemacht. Wenn wir zur Ruhe kommen und in uns hineinhorchen, dann spüren wir, ob wir einem Weg folgen, der ein «Herz» hat. Dazu müssen wir die Werte betrachten, an denen wir unser Leben ausrichten: Wofür benutzen wir unsere Zeit, unsere Stärken, unsere Kreativität und unsere Liebe? Wenn wir unser Leben ohne Sentimentalität, Übertreibung und künstlichen Idealismus betrachten, spiegeln unsere Entscheidungen dann das, was wir am stärksten schätzen?

Unsere Suche nach einem Weg, der ein «Herz» hat, kann durch die folgende, kurze Meditation unterstützt werden. Wenn wir uns fragen, wie wir leben wollen, dann hilft uns paradoxerweise das Nachdenken über den eigenen Tod. – Wenn Sie diesen Absatz durchgelesen haben, dann schließen Sie bitte Ihre Augen und empfinden Sie, dass dieser Körper, der Ihnen geschenkt wurde, sterblich ist. Wir alle wissen, dass wir sterben müssen, nur den Zeitpunkt unseres Todes kennen wir nicht. Stellen Sie sich vor, dass Sie am Ende Ihres Lebens sind, irgendwann in der Zukunft. Lassen Sie Ihre Gedanken Ihr ganzes Leben umfassen und vergegenwärtigen Sie sich zwei gute Taten, die Sie vollbracht haben, zwei Handlungen, die gut waren. Sie müssen nicht weltbewegend sein. Gestatten Sie Ihrer Erinnerung einfach, zwei solche Dinge zu finden. Wenn Sie sich an diese guten Taten erinnern und sie sich noch einmal vorstellen, dann werden Sie bemerken, wie diese Erinnerungen Ihr Bewusstsein beeinflussen, wie sie Ihre Gefühle und den Zustand von Herz und Geist verändern... Und achten Sie auf die Qualität dieser Momente...

Wenn wir uns an solche «guten Taten» erinnern, stellen die meisten von uns fest, dass das, was sie da getan haben, relativ einfach war: Manche erinnern sich an den Augenblick, in dem sie die Hand ihres sterbenden Vaters hielten; anderen fällt ein, wie sie ein fremdes Kind getröstet haben, das auf dem Markt seine Mutter verloren hatte; oder sie erinnern sich an einen Brief, den sie geschrieben haben, um sich nach vielen Jahren mit ihrem Bruder zu versöhnen.

Die Dinge, die in unserem Leben am wichtigsten sind, sind meistens nicht großartig oder kompliziert. Es sind die Augenblicke, in denen wir einander nahekommen, wo wir liebevoll und aufmerksam sind. Die einfache Intimität, die dabei entsteht, ist es, nach der wir uns alle sehnen. In diesen Augenblicken sind wir uns ganz sicher, dass wir das Richtige tun und dass unser Weg in diesem Augenblick ein «Herz» hat. Mutter Theresa drückt es folgendermaßen aus: «In diesem Leben können wir ganz selten große Dinge tun, aber wir können kleine Dinge mit großer Liebe tun.»

Manche Menschen finden diese Überlegung schwierig. Es fallen ihnen keine guten Taten ein, oder das, was man als solche bezeichnen könnte, genügt ihren Ansprüchen nicht. Warum ist das so? Jeder von uns hat viele gute Taten vollbracht. Unsere Schwierigkeiten, sie uns in Erinnerung zu rufen, zeigen, wie streng wir mit uns selbst sind, wie wenig liebevolles Verständnis wir für uns selbst aufbringen. Wir haben Schwierigkeiten zu erkennen, dass wir immer wieder zu spontaner Liebe und zu altruistischem Verhalten in der Lage sind.

Wenn wir einen Weg einschlagen, der ein «Herz» hat, dann bedeutet das, dass wir uns gestatten, Liebe und Mitgefühl auszudrücken, und dass wir zunehmend bemerken, wie kostbar das Leben ist. Im Stress und in der Komplexität unseres Lebens vergessen wir leicht unsere besten Absichten; aber wenn wir am Ende unseres Lebens stehen und zurückschauen, dann fragen sich die meisten Menschen nicht mehr, wie viel Geld auf ihrem Konto ist oder wie viele Häuser sie gebaut haben. Sondern sie stellen sich ganz andere Fragen: Habe ich genug geliebt? Habe ich ein erfülltes Leben gehabt? Solche einfachen Fragen können uns helfen, unsere Prioritäten neu zu ordnen. Wenn wir darüber nachdenken, ob wir genug geliebt und kreativ gelebt haben, dann entdecken wir immer wieder, wie unsere Ängste und unsere Vorurteile uns eingeschränkt und daran gehindert haben, unsere Herzen zu öffnen. Haben wir es uns gestattet, die Menschen in unserer Nähe zu lieben – unsere Familie, unsere Nachbarn, die Erde, auf der wir leben? Haben wir es auch gelernt loszulassen? Haben wir es gelernt, in den verschiedenen Lebensphasen Weisheit und Mitgefühl zu praktizieren? Haben wir es gelernt, zu vergeben und aus dem Geist des Verständnisses zu leben und nicht aus dem Geist des Urteils? Loslassen können ist ebenfalls ein zentrales Thema unseres Lebens, wenn wir daran denken, wie wertvoll und wie kurz das Leben ist. Wenn wir das nicht gelernt haben, dann leiden wir sehr, wenn wir an das Ende unseres Lebens kommen; und wir müssen diese Lektion dann in sehr kurzer Zeit nachholen; nicht immer gelingt das. Früher oder später müssen wir lernen loszulassen und uns dem Geheimnis des Lebens überlassen, ohne Anklammern und Festhalten. Wenn wir Glück haben, entdecken wir auch, dass Liebe und Loslassen einander sehr ähnlich sind: Beide haben nicht das Bedürfnis zu besitzen; beide gestatten uns, in jedem Augenblick des Lebens präsent zu sein und zu akzeptieren, was der nächste Moment bringen wird.

Ein Weg, der ein «Herz» hat, gibt uns auch Gelegenheit, unsere Begabungen, unsere Talente und unsere Kreativität zu entfalten. Vielleicht gehört dazu, dass wir ein Buch schreiben, ein Haus renovieren oder Methoden erfinden, wie andere Menschen ihre Stärken entwickeln können. Was immer wir wählen, es ist wichtig, dass wir die Aktivitäten unseres Lebens mit unserem Herzen finden, denn unsere Liebe ist die Quelle all der Energie, die uns schöpferisch macht und mit allem verbindet. Wenn wir die Verbindung mit unserem Herzen verlieren, dann werden auch die besten Dinge des Lebens bedeutungslos oder mechanisch. Schließlich dürfen wir erwarten, dass der «Weg, der ein Herz hat», uns immer wieder glücklich machen wird. Authentisches Glück, das wir im Leben finden können, stellt sich nicht dadurch ein, dass wir etwas besitzen, dass wir unsere Talente entfalten oder die Welt besser verstehen; authentisches Glück erleben wir, wenn wir unsere Liebesfähigkeit entdecken und eine liebevolle und weise Beziehung mit dem ganzen Leben haben. Solche Liebe ist nicht besitzergreifend, sondern großzügig. Aus solcher Liebe heraus kann uns unser persönlicher Weg dahin bringen, unsere Talente zu benutzen, um zu heilen, um zu helfen und zum Frieden in unserer Umgebung beizutragen, sodass wir am Ende unseres Lebens, wann immer das sein mag, feststellen können: Ja, mein Weg hatte ein Herz.

Übung 1

Was bedeutet Liebe für dich?

Ziele: Ein nützlicher erster Schritt für eine Bestandsaufnahme. Gleichzeitig soll Neugier geweckt werden, die eigenen Liebesdefinitionen zu überprüfen.

Zusammenfassung: Wir beginnen mit einer Kunsttherapie-Übung, die in Kleingruppen ausgewertet wird. Dann folgt kognitive Soloarbeit: Die Teilnehmer schreiben möglichst viele Definitionen von Liebe auf, an die sie im Laufe ihres Lebens geglaubt haben. Schließlich entscheiden sie sich für eine Definition, die dazu beitragen kann, dass sie in Zukunft liebevoller werden. Dann tragen die Gruppenmitglieder im Plenum die Resultate ihrer Einzelarbeit vor, um sie zur Diskussion zu stellen.

Schritt 1: Was bedeutet Liebe für dich?... Beantworte diese Frage, indem du ein abstraktes Bild der Liebe zeichnest. Beginne irgendwo und zeichne die «Gestalt» der Liebe als eine ununterbrochene Linie, die sich nicht kreuzt und die am Ende zu ihrem Ausgangspunkt zurückkehrt.

Beispiel:

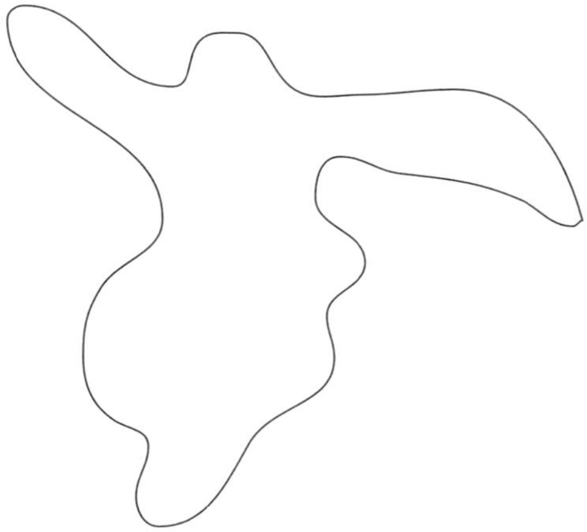

Schritt 2: Die Teilnehmer kommen in Quartetten zusammen und stellen nacheinander ihre abstrakten Bilder vor und tauschen ihre Assoziationen dazu aus.

Schritt 3: Schreibe auf ein leeres Blatt die Überschrift: «Was bedeutet Liebe für mich?» Dann liste möglichst viele Definitionen von Liebe auf, die im Laufe deines Lebens für dich wichtig waren. Rechne damit, dass sie sich zum Teil widersprechen. Wenn du glaubst, dass du alles aufgeschrieben hast, dann schließ die Augen und frage dich: «Was bedeutet Liebe darüber hinaus für mich?» (5 Minuten)
Und nun geh deine Liste noch einmal durch und entscheide dich für eine Definition, die dich dazu inspirieren kann, in Zukunft liebevoller zu sein. Wenn du es für sinnvoll hältst, kannst du deine Definition abändern oder eine ganz neue aufschreiben. (10 Minuten)

Schritt 4: Die Teilnehmer sitzen im Plenum im Kreis zusammen. Immer einer von ihnen geht in die Mitte und beginnt mit dem rituellen Satz: «Ich bin die Stimme der Liebe. Ich möchte euch Folgendes sagen: Wenn du lieben willst, dann musst du auch bereit sein, dich selbst zu lieben.» Oder: «Es gibt keine Alternative zur Liebe, und es gibt keine Entschuldigung für irgendjemanden, nicht zu lieben.»
Wenn alle Teilnehmer in der Mitte waren, beginnt eine Diskussion dieser Statements.

Übung 2

Erinnerungen an die wahre Liebe

Ziele: Mit dieser Übung soll die Neugier der Teilnehmer geweckt werden, Antworten auf die Frage zu suchen: Welchen Platz hat die Liebe in meinem Leben? Oft nehmen wir uns zu wenig Zeit, über die Liebe nachzudenken bzw. sie spontan auszudrücken.

Zusammenfassung: Am Anfang steht eine Tagebuch-Technik, bei der jeder Teilnehmer für sich allein arbeitet und seine Erinnerungen notiert. In der anschließenden Partnerarbeit werden die Erinnerungen dramatisiert und frisch empfunden. Das Gefühl erlebter Liebe kann dann in die weitere Arbeit einfließen. Es folgt Kleingruppenarbeit mit Psychodramatechnik. Hier geht es um die Verkörperung verschiedener Gefühlsaspekte der Liebe.

Schritt 1: Jeder Teilnehmer nimmt sich einige Kärtchen und geht dann in der Erinnerung Situationen durch, in denen er selbst wahre Liebe empfunden und praktiziert hat. (Machen Sie darauf aufmerksam, dass alle Spielarten der Liebe berücksichtigt werden können, z. B. erotische, sexuelle, familiäre, philanthropische, spirituelle, ästhetische.) Es sollen möglichst viele Situationen herausgefunden werden. Jede Liebes-Situation wird auf einem Kärtchen festgehalten; stichwortartig werden die wichtigsten Begleitumstände notiert, wie Orte, Menschen, Tiere, begleitende Gedanken, Gefühle und Aktionen. (10 Minuten)

Schritt 2: Die Teilnehmer kommen in Paaren zusammen. Abwechselnd teilen sie einander die notierten Erfahrungen mit wahrer Liebe mit, und zwar so, als ob die Situation in der Gegenwart stattfände. Ziel ist, dass jeder Erzähler die «wahre Liebe» neu erlebt und neu genießt. Der Partner hört schweigend zu, ohne zu unterbrechen und ohne jeden Kommentar. Er achtet darauf, dass der Erzähler im Präsens bleibt. Beide betrachten dies als eine Gelegenheit, die wertvollsten Zeiten ihres Lebens in die Gegenwart zu transportieren. (15 Minuten)
Anschließend haben die Paare fünf Minuten für Feedback.

Schritt 3: Die Teilnehmer bilden ein breites Spektrum von sozialen Gruppierungen: Solisten, Paare, Triaden, Quartette, Sextette etc. Jede Gruppierung soll eine Skulptur bilden, die den Titel «Wahre Liebe» trägt. Jeder Teilnehmer soll dabei irgendeinen Gefühlsaspekt der Liebe verkörpern, z. B. Begeisterung, Hingabe, Selbstlosigkeit, Hilfsbereitschaft, Ekstase, Offenheit, Opferbereitschaft etc., sodass dieses Gefühl deutlich zum Ausdruck kommt. Wenn eine Skulptur aus mehreren Personen besteht, einigen sich die Teilnehmer zuvor auf eine Situation.
Jede Gruppierung hat zehn Minuten Zeit, ihre Skulptur auszuarbeiten. Jeder merkt sich seinen Platz und seine spezifische Körperhaltung.

Schritt 4: Die Gruppe kommt wieder im Plenum zusammen, und jede Gruppierung zeigt nacheinander in der Mitte ihre Skulptur. Die Zuschauer teilen anschließend mit, was sie in dem Bild erkennen und wie sie selbst von dem Bild angesprochen werden.

Schritt 5: Auswertung:
- Wie fühle ich mich jetzt?
- Wie oft denke ich an einem durchschnittlichen Tag über wahre Liebe nach?
- Wie ziehe ich die Grenze zwischen wahrer und falscher Liebe?
- Wie steht es mit meiner Liebesbilanz? Gebe ich genug bzw. bekomme ich genug Liebe?
- Wie gehe ich mit meiner «Liebes-Geschichte» um? Wie kann mir die Vergangenheit helfen, um in der Gegenwart liebevoller zu leben?

Übung 3

Die Antwort der Liebe ist Ja!

Ziele: Verständnis dafür, dass die Liebe eine positive Antwort ist auf alles, was geliebt wird; Einsicht, dass Liebe ein Erlebnis ist, bei dem wir innerlich ein «Ja» spüren für den Gegenstand unserer Liebe.
Sie benötigen für jeden Teilnehmer eine Kopie des Teilnehmermaterials «Die Antwort der Liebe ist Ja!».

Zusammenfassung: Die Teilnehmer bekommen eine Liste, die 30 verschiedene Aspekte der Liebe enthält. Jeder entscheidet sich für einen Aspekt und notiert Situationen aus seinem Leben, bei denen dieser eine Rolle gespielt hat. Anschließend wird ein kurzes Gedicht verfasst, das die Gefühlsqualität dieser Spielart der Liebe zum Ausdruck bringt. Die Gedichte werden im Plenum vorgetragen und diskutiert.

Schritt 1: Der Gruppenleiter gibt eine kurze Einführung in das Thema: Wenn wir lieben, dann begegnen wir dem Objekt unserer Liebe mit einer positiven Haltung; wir denken positiv darüber, und wir verhalten uns offen. Wir können jedoch in fast allen Situationen und Interaktionen unseres Lebens unsere Zustimmung ausdrücken, in unseren Gedanken und in unseren Handlungen. Unser «Ja» hat einen umfassenden Charakter, während unser Nein meist spezifisch und begrenzt ist.
Wenn wir bemerken, dass jemand uns fern steht, können wir versuchen, diese Person durch ein gefühltes «Ja» zu verstehen. Wir werden bemerken, dass sich die Beziehung verändert. Eine kleine Dosis Liebe verändert Situationen, die uns unangenehm oder unerträglich zu sein scheinen. Oft übersehen wir unsere liebevollen Reaktionen, weil wir glauben, dass Liebe nur für einen eng umschriebenen Personenkreis infrage kommt. Unser Leben wird dadurch in unnötiger Weise steril.

Schritt 2: Jeder Teilnehmer bekommt ein Exemplar des Teilnehmermaterials. Der Gruppenleiter weist auf Folgendes hin: Liebe ist nicht nur ein Gefühl, ein Gedanke oder eine Handlung, sondern alles zu-

sammen. Liebe ist ein Erlebnis; Liebe kann so stark sein, dass sie uns überwältigt; und manchmal besteht sie nur aus einer Sekunde Aufmerksamkeit im Laufe eines hektischen Tages. Das Objekt unserer Liebe ruft eine positive Resonanz in uns hervor, ein deutlich empfundenes «Ja».
Im Teilnehmermaterial sind beispielhaft 30 Varianten der Liebe aufgelistet. Jede beschreibt eine etwas andere Nuance. (5 Minuten)

Schritt 3: Die Teilnehmer studieren die Liste und entscheiden sich für einen Aspekt der Liebe. Wer sich z. B. für das Staunen entscheidet, der schreibt oben auf ein Blatt: Situationen in meinem Leben, bei denen ich gestaunt habe, und listet solche Situationen auf. Dabei ist es unerheblich, wie groß oder wie flüchtig das Staunen war. (10 Minuten)

Schritt 4: Nun entscheidet sich jeder für ein Erlebnis mit dem ausgewählten Gefühl, das genügend Inspiration für ein kurzes Gedicht bietet. Das Gedicht kann jede beliebige Form haben, die Zeilen müssen sich nicht reimen. Wichtig ist, dass die Gefühlsqualität, in unserem Beispiel die Qualität des Staunens, für den Hörer/Leser zum Ausdruck gebracht wird. (15 Minuten)

Schritt 5: Die Gruppe findet sich im Plenum zusammen, und möglichst viele Teilnehmer gehen in die Mitte und rezitieren ihr Gedicht.

Schritt 6: Auswertung:
- Welche Aspekte der Liebe (von der Liste) sind mir gut vertraut? Welche sind mir eher fremd?
- Inwiefern bedeutet die Liebe ein «Ja»?
- Warum erweitert das Ja unser Herz, während das Nein unser Herz verengt?
- In welchem Verhältnis stehen Ja und Nein in deinem Leben zueinander? (Auf fünf Ja sollte es höchstens ein Nein geben!)
- Welche Aspekte der Liebe erlebe ich von Zeit zu Zeit hier in dieser Gruppe?
- Welche Menschen kenne ich persönlich, deren Leben ein umfassendes Ja ausdrückt?
- Welche Variante der Liebe möchte ich in meinem Leben stärker kultivieren?

Teilnehmermaterial
«Die Antwort der Liebe ist Ja!»

Unsere Liebe kann sich auf viele verschiedene Objekte richten. Wir lieben nicht nur Menschen, sondern wir können auch die Natur lieben, Kunstwerke, Ideen, politische Bewegungen, eigene und fremde Nationen, die Völkergemeinschaft usw. Je nach dem geliebten Objekt äußert sich unsere Liebe in unterschiedlichen Affekten, Einstellungen, und geistigen Haltungen. Im Folgenden sind 30 verschiedene Spielarten der Liebe aufgeführt:

1. Zuneigung	2. Begeisterung
3. Anerkennung	4. Achtsamkeit
5. Staunen	6. Fürsorge
7. Achtung	8. Zärtlichkeit
9. Anteilnahme	10. Verbundenheit
11. Neugier	12. Entzücken
13. Vergnügen	14. Extase
15. Interesse	16. Intimität
17. Freude	18. Anziehung
19. Sympathie	20. Zusammengehörigkeit
21. Frieden	22. Rücksicht
23. Respekt	24. Sensitivität
25. Hingabe	26. Güte
27. Besorgnis	28. Dankbarkeit
29. Wärme	30. Ehrfurcht

Entscheide dich bitte für einen dieser Begriffe, der dir besonders wichtig erscheint. Finde Situationen in deinem Leben, bei denen du diese Qualität der Liebe empfunden und ausgedrückt hast.

Übung 4

Was wir alles lieben können

Ziele: Es lohnt sich, die Kunst des Liebens zu kultivieren und das Vorurteil aufzugeben, dass nur große, wunderbare Objekte unsere Liebe verdienen. In Wirklichkeit ist die Welt voller Lebewesen und Dinge, die wir lieben können: wir selbst, andere Menschen, die Welt, bestimmte Orte, Gegenstände, Töne, Gefühle, Ideen, unsere Tätigkeiten, unser Leben, Gott.

Zusammenfassung: Die Teilnehmer beginnen mit Einzelarbeit. Jeder hat fünf Minuten, um eine möglichst lange Liste mit potenziellen Liebeszielen anzulegen. Dann werden Kleingruppen gebildet, die zehn Minuten Zeit haben, so viele Liebesobjekte zu notieren, wie den Teilnehmern einfallen. Die Gruppe, die nach zehn Minuten die meisten notiert hat, hat «gewonnen».

Schritt 1: Kurze Einführung durch den Gruppenleiter. Wenn wir unsere Liebe auf einige wenige außergewöhnliche Objekte konzentrieren, schränken wir unsere Liebesfähigkeit ein. Wir können lernen, alles zu lieben, was uns umgibt, auch die kleinen Dinge, wie die Spuren unserer Katze im Schnee oder den Tanz der Blätter im Herbstwind.

Schritt 2: Die Teilnehmer konzentrieren sich auf einen typischen Tag, eine typische Woche und einen typischen Monat in ihrem Leben und notieren alle möglichen Kandidaten für ihre liebevolle Aufmerksamkeit – Menschen, Orte, Aktivitäten usw. Sie fragen sich: »Was gibt es in meinem Leben, das ich lieben kann?» Dabei variieren sie die Frage, indem sie das Wort «lieben» durch einen der Begriffe ersetzen, die im Teilnehmermaterial von Übung 3 aufgelistet sind. Die Fragen lauten dann z. B.: Worüber könnte ich mich in meinem Leben begeistern? Was könnte ich schätzen? Wofür könnte ich besser sorgen? Wofür könnte ich dankbar sein? Worüber könnte ich staunen, statt es für selbstverständlich zu halten? usw. Ziel ist es, möglichst viele Dinge in der gegebenen Zeit aufzuschreiben. (5 bis 10 Minuten)

Schritt 3: Jetzt kommen die Teilnehmer in Quartetten zusammen. Sie haben die Aufgabe, auf Flipchart möglichst viele Dinge zu notieren, die von ihnen geliebt, geschätzt oder beachtet werden sollten. Dabei können Teilnehmer auf ihre privaten Listen zurückgreifen. Sie haben fünfzehn Minuten Zeit, und jede Gruppe bemüht sich, so viele Liebesobjekte wie möglich aufzuschreiben. (15 Minuten)

Schritt 4: Die Quartette werten ihre Arbeit aus:
- Wie viele Objekte haben wir gefunden?
- Wie war die Gruppenatmosphäre bei dieser Aufgabe?
- Welche psychologischen Konsequenzen hat eine solche Ausweitung unserer Liebesvorstellung?
- Wie großzügig bin ich selbst im Alltag beim Verteilen meiner liebevollen Aufmerksamkeit? (10 Minuten)

Schritt 5: Auswertung im Plenum:
- Welche Liebesregeln gab es in meiner Kindheitsfamilie? Wer oder was sollte geliebt werden? Was wurde als Selbstverständlichkeit hingenommen?
- Welche Personen haben meine Liebesauffassung geprägt?

Beispiele: Was ich alles lieben kann:
- Den ersten warmen Tag nach dem Winter,
- den ersten Gesang der Amsel im Frühjahr,
- das erste Schneeglöckchen,
- das helle Grün der Bäume im Mai,
- blühende Rapsfelder,
- eine blühende Sommerwiese,
- den Duft der Erde nach einem warmen Sommerregen,
- das unerwartete Lächeln eines Fremden,
- spontane Hilfsbereitschaft eines Unbekannten,
- eine überraschende Anerkennung oder ein überraschendes Kompliment,
- meine Arbeit,
- meinen Garten,
- meinen Lieblingssessel,
- mein Zuhause,
- einen überraschenden Sonnenstrahl zwischen grauen Wolken,

- die Weite des Meeres,
- die grandiose Bergwelt,
- einen alten Baum,
- blühende Obstbäume,
- Bäume mit Raureif,
- eine verschneite Landschaft,
- eine blühende Pflanze auf der Fensterbank,
- fröhliches Kinderlachen,
- eine Kinderhand in meiner großen Hand,
- die Neugier kleiner Kinder an Weihnachten oder Ostern,
- den vertrauensvollen Blick eines Kindes bei der Bitte um Hilfe,
- Sonnenaufgang oder -untergang,
- eine stille Mondnacht,
- den unendlichen Sternenhimmel,
- Wolken von oben, vom Flugzeug aus gesehen,
- die Fröhlichkeit beim Zusammensein mit Freunden,
- die unerwartete Begegnung mit einem alten Freund,
- ein kühles Getränk an einem heißen Sommertag nach einer schweißtreibenden Arbeit,
- den Duft von frisch gebackenem Brot,
- eine kleine Melodie, die mir im Vorbeigehen zufliegt.

Übung 5

Meine Gründe für Liebe und Ablehnung

Ziele: Aldous Huxley hat einmal gesagt: Unsere Erlebnisse werden uns nicht vom Schicksal gesandt. Sie hängen davon ab, was wir daraus machen. – Alles im Leben hat positive und negative Aspekte. Wenn wir liebevoller sein wollen, können wir lernen, uns auf das Positive zu konzentrieren und das Negative beiseite zu lassen.

Zusammenfassung: Jeder Teilnehmer konzentriert sich auf drei Menschen, die er liebt oder die er in der Vergangenheit geliebt hat. Für jede Person notiert er die positiven und die negativen Aspekte, die er an ihnen sieht. In einem zweiten Schritt entscheidet sich jeder für drei Personen, die er früher einmal geliebt hat, wo die Zuneigung aber später in Abneigung umgeschlagen ist. Auch hier werden sowohl die positiven als auch die negativen Aspekte notiert.
In einem dritten Schritt listet jeder eine Reihe von Menschen auf, die er nicht mag. Für jede Person werden Gründe gefunden, weshalb ein Dritter diese Person liebenswert finden könnte.

Schritt 1: Der Gruppenleiter führt kurz in das Thema ein: Oft folgen wir einem reaktiven Modell von Liebe. Ein Mensch, ein Objekt oder ein Ereignis muss ungewöhnlich schön und attraktiv sein, damit wir es lieben können. Das führt dazu, das es uns in der Regel an passenden Liebesobjekten mangelt. Da wir jedoch ein genetisches Bedürfnis nach aktiver Liebe haben, leiden wir an diesem Mangel. Wir sind ständig auf der Suche, finden das Gesuchte jedoch nicht und geraten dadurch leicht in Frustration und Depression, oder wir klammern uns an die wenigen uns passend erscheinenden Liebesobjekte. Dabei fühlen wir uns ohnmächtig unserem Schicksal ausgeliefert. Außerdem werden auf diese Weise unsere Selbstzweifel geschürt. Fast jeder von uns ist ein ganz gewöhnlicher, durchschnittlicher Mensch. Das Konzept der reaktiven Liebe verlangt aber von uns, dass wir für andere ungewöhnlich attraktiv sein müssen, damit sie uns lieben können. Eine Alternative bietet das Konzept der «bewussten» Liebe. Wenn wir uns entscheiden, uns bei allem, was uns umgibt, auf das Wertvolle zu konzentrieren und unseren Perfektionismus aufzugeben, dann eröffnen sich uns völlig neue Liebesperspektiven.

Schritt 2: Einzelarbeit. Jeder Teilnehmer denkt an drei Menschen, die er liebt bzw. in der Vergangenheit geliebt hat. Er schreibt ihre Namen auf je einen Bogen Papier und faltet das Blatt der Länge nach. In der linken Spalte werden dann möglichst viele Gründe notiert, weshalb diese Person liebenswert ist. Welche Charakteristika hat die Person, die Bewunderung und Wertschätzung hervorruft? In der rechten Spalte werden möglichst viele negative Aspekte der Person aufgelistet – Schwächen, Mängel, unangenehme Eigenschaften. (10 Minuten)

Schritt 3: Jeder Teilnehmer findet insgesamt drei Menschen, die er früher geliebt hat und jetzt nicht mehr liebt oder die er früher nicht mochte und später zu lieben lernte. Auch ihre Namen werden auf je ein Blatt geschrieben und in zwei Spalten werden die positiven bzw. negativen Aspekte der jeweiligen Person festgehalten. (10 Minuten)

Schritt 4: Die Teilnehmer nehmen ein neues Blatt Papier und schreiben (untereinander und mit klarem Abstand) die Namen von drei Menschen auf, die sie nicht mögen. Rechts daneben werden alle Gründe notiert, weshalb ein anderer Mensch diese Personen schätzen oder lieben könnte. (10 Minuten)

Schritt 5: Die Teilnehmer kommen in Trios zusammen und tauschen sich darüber aus, welche Impulse sie durch die kurzen Analysen bekommen haben. Im Mittelpunkt sollte die Frage stehen: «Was kann ich tun, um mich von dem Modell der reaktiven und dadurch knappen Liebe zu befreien?» (15 Minuten)

Schritt 6: Auswertung:
- Zu welchen Konsequenzen hat das Modell der reaktiven Liebe in meinem Leben bisher geführt?
- Wieweit hängt meine Liebe von meiner Entscheidung ab?
- Was fasziniert uns an der spontanen und romantischen Liebe?
- Unter welchen Bedingungen kann eine langdauernde Liebesbeziehung gedeihen?

Übung 6

Die Macht der Interpretation

Ziele: Oft erzeugen wir unsere Unzufriedenheit und unsere Depressionen selbst. Jedes Mal wenn wir uns sagen: «Ich muss diese unangenehme Aufgabe erledigen», fühlen wir uns ohnmächtig und unfrei. Die Alternative: Wir können lernen, unsere Verpflichtungen positiv zu interpretieren – als Akt bewusster Liebe.

Zusammenfassung: Nach einer kurzen theoretischen Einführung durch den Gruppenleiter wählen die Teilnehmer eine wiederkehrende alltägliche Aufgabe und beschreiben sie aus zwei verschiedenen Perspektiven – als unangenehme Pflicht und als Ausdruck bewusster Liebe. Anschließend werden Paare gebildet, und die Partner tragen einander beide Beschreibungen mit starkem emotionalem Ausdruck vor.

Schritt 1: Der Gruppenleiter gibt eine kurze Einführung in das Thema: Auf alles, was wir erleben oder selbst tun, können wir mit einem gefühlsmäßigen «Ja» oder «Nein» antworten. Wenn unsere Antwort «Ja» ist, interpretieren wir ein Ereignis positiv, wenn wir mit «Nein» antworten, deuten wir ein Ereignis als unangenehm, überflüssig, lästig, sinnlos, als Zeitvergeudung usw. Normalerweise wandert unsere Aufmerksamkeit hierhin und dorthin, auf der Suche nach sofortigen Belohnungen. Wir schätzen alles, was uns auf der Stelle ein kleines Glücksgefühl schenkt, ohne dass wir auch nur den kleinen Finger zu rühren brauchen. Ein besonders gutes Beispiel ist der Augenblick, wenn wir uns verlieben. Die andere Person erscheint uns als ein göttliches Geschenk, und wir reagieren mit Staunen, Entzücken und zärtlicher Liebe. Als typische reaktiv Liebende meinen wir zu wissen, wem wir unser Glück verdanken, nämlich den attraktiven Eigenschaften der neu entdeckten Person. Wir konzentrieren uns auf die magischen Eigenschaften unserer Liebe, die unsere Erwartungen übersteigt, und sind bereit, unser Herz zu verschenken. Wir bemerken nur die Schönheit, das Positive, das Anbetungswürdige. Solange wir solche Dinge finden, steigt unsere Freude. Wir kommen gar nicht auf den

Gedanken, dass die geliebte Person natürlich auch Schattenseiten hat. Aber diese Anfangsfaszination reicht nicht aus, um die Liebe am Leben zu halten. Fast alle Verliebten erleben früher oder später, dass ihre Verliebtheit plötzlich endet. Mit der Zeit entdecken sie immer klarer die negativen Aspekte der betreffenden Person. Wir können uns aber dafür entscheiden, dass wir lieben wollen und dass wir das Leben positiv interpretieren. Liebe muss keine Illusion sein, sie ist eine künstlerische Schöpfung. Die Welt ist ein Schirm, auf den wir unsere Liebe projizieren können. Diese Haltung gibt uns eine gewisse Kontrolle über unser Leben. Wir wissen, dass das nicht einfach ist, aber wir können diese Haltung kultivieren und dadurch ein viel stabileres Gefühl von Glück und Freude erreichen.

Schritt 2: Sagen Sie den Teilnehmern etwa Folgendes: «Einen großen Teil unserer Zeit verbringen wir mit alltäglichen Aufgaben: Wir füllen die Waschmaschine, wir saugen Staub, wir erledigen Papierkram, wir kaufen ein oder bereiten Mahlzeiten zu. Wir können diese unvermeidbaren Aktivitäten auf unterschiedliche Weise interpretieren, in den seltensten Fällen entscheiden wir uns aber dafür, dass diese Routineaufgaben ein Ausdruck unserer Liebe sein können. Normalerweise neigen wir dazu, solche Verpflichtungen eher negativ zu interpretieren.»

Jeder Teilnehmer wählt irgendeine alltägliche Aufgabe, die einfach erledigt werden muss und deren Erledigung gemischte Gefühle oder sogar negative Gefühle wachruft. Auf einem Blatt Papier beschreibt jeder diese Tätigkeit so, als handele es sich dabei um einen konkreten Ausdruck seiner Liebe. So kann man z. B. das Geschirr in die Spülmaschine räumen und dabei daran denken, dass dies ein Dienst für die Familie ist, für die Menschen, die man liebt; man kann diesen Akt mit Dankbarkeit begleiten, dass es genug zu essen gab, dass alle satt geworden sind; oder man kann diesen Akt als Gelegenheit für eine kurze Meditation benutzen und sich ganz bewusst auf jedes Objekt einlassen, das seinen Platz in den Geschirrkörben findet. (10 Minuten)

Schritt 3: Und nun beschreibt jeder dieselbe Aktivität aus einer anderen Perspektive, als Akt einer gehassten Pflicht, die er am liebsten vermeiden würde. Auf welche Weise wird das Geschirr in die Spülmaschine geräumt? Welche Gedanken und Empfindungen gehen dem

Einzelnen durch den Kopf? All das wird auf einem zweiten Blatt Papier beschrieben. (10 Minuten)

Schritt 4: Nun bilden die Teilnehmer Paare, und jeder trägt dem Partner die beiden unterschiedlichen Interpretationen der gewählten alltäglichen Aktivität vor – mit Elan und emotionaler Übertreibung. Anschließend tauschen sich die Partner darüber aus, mit welchen Interpretationen sie im Alltag ihre unvermeidlichen Verpflichtungen begleiten.
- Wie viel Stress erlebe ich an einem durchschnittlichen Tag?
- Auf welche Weise trage ich selbst dazu bei?
- Wie wäre mein Leben, wenn ich das, was ich muss, gerne täte? (15 Minuten)

Schritt 5: Auswertung im Plenum:
- Wir haben zwei Möglichkeiten, wir können uns als Opfer oder als Liebende definieren. Warum wird die Opferrolle von Vielen favorisiert?
- Welche unangenehmen Aufgaben habe ich in dieser Gruppe? Wie könnte ich diese Verpflichtungen positiv als Akt der Liebe neu interpretieren?
- Was ist meine unangenehmste Alltagsverpflichtung? Auf welche Weise könnte ich diese Aufgabe neu positiv interpretieren?
- Wie sähe eine Welt aus, in der mehr und mehr Menschen ihre täglichen Aktivitäten in einen liebevollen Bezugsrahmen stellen?

Übung 7

Wir haben die Wahl

Ziele: Unsere Vergangenheit ist nicht definitiv abgeschlossen. Wir können sie jederzeit verändern, indem wir ihr eine neue Bedeutung geben.

Zusammenfassung: Die Teilnehmer beginnen mit Einzelarbeit. Jeder erinnert sich an ein Ereignis in seinem Leben, das damals für ihn unbefriedigend ausging. Dann schreiben die Teilnehmer zwei Geschichten. In der ersten Geschichte wird das Ereignis negativ interpretiert, und die unangenehmen Gefühle werden dramatisiert. In der zweiten Geschichte wird das Ereignis positiv interpretiert, und es wird betont, wie das Ereignis für alle Beteiligten Anstöße zum Wachstum mit sich brachte.
Anschließend kommen die Teilnehmer in Paaren zusammen und tragen einander beide Versionen desselben Ereignisses vor.

Schritt 1: Der Gruppenleiter gibt eine kurze theoretische Einführung: Im Allgemeinen glauben wir, dass Ereignisse eine objektive Bedeutung haben, dass es «wahre Geschichten» sind. In diesem Falle haben wir keine Wahl, aber wir können auch anders vorgehen. Wir können ein Ereignis, das wir selbst und andere vorher negativ bewertet haben, neu interpretieren und die positiven Seiten herausarbeiten. Auf diese Weise befreien wir uns von Geschichten, die wir vor langer Zeit erlebt haben. Bedeutung existiert nur im Erlebnis des Betrachters. Verschiedene Menschen geben demselben Ereignis verschiedene Bedeutungen. Wir können uns entscheiden, unseren Geschichten eine positive, d. h. eine liebevolle Bedeutung zu geben.

Schritt 2: Erinnere dich an ein Ereignis in deinem Leben, das du damals als negativ erlebt hast. Nimm ein Blatt Papier und skizziere die Fakten dieses Ereignisses. Dann schreibe die Geschichte auf und interpretiere sie negativ. Übertreibe dabei ruhig deine Enttäuschung, deine Verlustgefühle, deine Verwirrung, deinen Schmerz. (10 Minuten)

Schritt 3: Nimm ein neues Blatt Papier und schreibe die Geschichte noch einmal auf; interpretiere sie aber diesmal positiv. Betone, wie das Ereignis allen beteiligten Personen half, etwas zu lernen und andere Wege zu gehen, die passender für sie waren. Beschreibe, wie die Beteiligten durch das Ereignis stärker wurden, wie sie danach vielleicht mehr Einsicht und Empathie entwickeln konnten. (10 Minuten)

Schritt 4: Komm nun mit einem Partner zusammen. Lest einander beide Versionen der Geschichte vor und bemüht euch jedes Mal um starken emotionalen Ausdruck. (5 Minuten)

Schritt 5: Und nun wertet dieses kurze Experiment gemeinsam aus:
- Konntest du dich mit beiden Geschichten identifizieren?
- Wie hat sich deine Einstellung zu dem Ereignis dabei verändert?
- Welche negativen Geschichten erzählst du immer wieder?
- Was würdest du gewinnen, wenn du deine negativen Interpretationen aufgäbest? (10 Minuten)

Schritt 6: Auswertung im Plenum:
- Warum schränken negative Geschichten unseren Handlungsspielraum und unsere Lernfähigkeit ein?
- Ist die positive Interpretation von problematischen Ereignissen naives Wunschdenken?
- Welche «große negative Geschichte» trage ich mit mir herum? Ist es vielleicht jetzt an der Zeit, diese Geschichte neu zu interpretieren?

Übung 8

Liebevolle Aufmerksamkeit

Ziele: Wir können unsere Sinne dazu benutzen, die Welt bewusst zu lieben bzw. uns von der Welt geliebt zu fühlen. Auf diese Weise entwickeln wir mehr Freundlichkeit und sind weniger verletzlich.

Zusammenfassung: Diese Übung besteht aus zwei Phasen. In der ersten Phase versuchen die Teilnehmer, auf alles, was sie mit ihren Sinnen erfassen, liebevoll zu reagieren. In der zweiten Phase drehen sie diesen Prozess um. Sie versuchen, in jeder Sinneswahrnehmung ein liebevolles Geschenk der Welt zu erleben.

Schritt 1: Bitte stellt die Stühle an den Rand, damit wir viel freien Raum bekommen. Beginnt nun, im Raum herumzugehen und stellt euch darauf ein, in den nächsten zehn Minuten vor allem eure fünf Sinne zu benutzen. Lasst euch überraschen, was ihr mit euren Augen entdecken werdet... welche Entdeckungen eure Ohren machen werden... was ihr riechen könnt... was ihr mit euren Hände spüren werdet... und was ihr schmecken werdet...
Ich habe einen Teller mit verschiedenen Früchten hingestellt. Ihr könnt euch dort bedienen. Auf der anderen Seite des Raumes habe ich ein paar Fläschchen mit verschiedenen Duftölen deponiert. Ihr könnt sie ebenfalls einbeziehen in dieses sinnliche Praktikum.

Schritt 2: Während ihr weiter im Raum herumgeht, bemerkt bitte, welche sinnlichen Wahrnehmungen ein positives Gefühl in euch hervorrufen. Welche Bilder seht ihr gern? Macht euch klar, dass ihr die Welt vor allem durch eure Sinne kennenlernt. Wenn ihr die Tore eurer sinnlichen Wahrnehmung öffnet, dann seid ihr der Welt nahe, dann fühlt ihr euch lebendig, dann habt ihr die Chance, kleine und manchmal große Gefühle des Glücks zu erleben. Versucht möglichst verschiedene sinnliche Erlebnisse zu haben.

Schritt 3: Und nun könnt ihr noch einen Schritt weitergehen. Versucht auf jeden Gegenstand, auf alles, was ihr mit euren Sinnen wahrnehmt, liebevoll zu reagieren. Wenn ihr etwas seht, dann könnt ihr mit euren Augen liebevolle Energie zurückstrahlen; wenn ihr etwas mit der Hand berührt, könnt ihr daraus ein zärtliches Streicheln machen; wenn ihr das Lied eines Vogels hört, könnt ihr in eurem Herzen dem Vogel danke sagen und ihm eine zärtliche Botschaft senden. Findet heraus, auf wie viele verschiedene Arten ihr mit euren fünf Sinnen Liebe ausstrahlen könnt... (10 Minuten)

Schritt 4: Nun bleibt bitte einen Augenblick stehen und schüttelt Arme und Beine aus. Atmet ein paar Mal tief aus, damit ihr euch innerlich neu orientieren könnt. In der nächsten Runde geht es nicht mehr darum, dass ihr selbst Liebe ausstrahlt, sondern dass ihr eure Sinne öffnet, um die Liebe der Welt zu empfangen. Nur wenn wir daran glauben, dass die Welt uns liebt, können wir uns liebenswert fühlen. Wir können uns geliebt fühlen, wenn wir von der Welt ein herzliches «Ja» wahrnehmen können. Und es gibt unendlich viele Möglichkeiten, das Ja der Welt zu erleben: im Sonnenlicht, das unseren Körper wärmt... in einem Schluck Wasser, das unseren Durst löscht... oder in einer schönen Wolkenformation, die unsere Phantasie anregt... Stellt euch vor, dass die Welt dies alles für euch arrangiert hat, dass alles, was ihr seht, hört, schmeckt und fühlt, ein Ausdruck ihrer großzügigen Liebe für euch ist.
Damit ihr diese zweite Runde neu und frisch erleben könnt, werde ich für ein paar neue Geschenke der Welt sorgen. Ich werde etwas Musik spielen, damit ihr euch rhythmisch und tänzerisch im Raum bewegen könnt; ich werde ein paar Gläser mit Wasser hinstellen, damit ihr euch erfrischen könnt; ich werde einige schöne Steine hinlegen, die angenehm zu berühren sind; und ich werde schließlich ein paar leichte Tücher auslegen, mit denen ihr im Raum herumtanzen könnt... Versucht alles, was ihr sinnlich erlebt, ganz bewusst als ein Geschenk der Welt an euch zu interpretieren. Empfindet alles als ein ausdrückliches Ja zu eurer Existenz – an diesem Ort und zu diesem Zeitpunkt...
(Spielen Sie jetzt beschwingte Musik, die zu Ihrer Gruppe passt, und geben Sie der Gruppe zehn Minuten Zeit, sich auf diese neue Art des Erlebens einzustellen. – 10 Minuten)

Schritt 5: Stoppt bitte, schüttelt Arme und Beine aus und atmet ein paar Mal tief aus. Bildet nun Quartette und setzt euch zusammen hin. Tauscht euch darüber aus, was ihr in dieser Übung erlebt habt:

- Was ist mir leichter gefallen, Liebe auszustrahlen oder Liebe zu empfangen?
- Was hat mich überrascht oder irritiert?
- Welche Rolle gebe ich im Alltag meinen Sinnen?
- Was würde sich in meinem Leben ändern, wenn ich mich häufiger von der Welt geliebt fühlen würde?

Übung 9

Ja oder Nein in deinem Körper

Ziele: Wir können uns daran gewöhnen, Anspannungen in unserem Gesicht, in unseren Händen, in unserem Rumpf als Verkörperung von «Nein!» zu interpretieren. Die körperliche Anspannung verstärkt das Negative, sie beeinträchtigt unser Wohlbefinden, schränkt unsere Kreativität ein, sie hemmt unsere Energie. Das «Ja» lässt die Welt zu uns herein, das «Nein» hält sie draußen. Jedes «Nein» umgibt uns mit einer Mauer, unsere Welt wird durch unser «Nein» überschaubar und vorhersehbar, aber nicht sehr liebevoll.

Zusammenfassung: Bei dieser Übung können die Teilnehmer auf ihren Plätzen bleiben. Der Gruppenleiter fordert sie dazu auf, verschiedene Teile des Körpers bewusst zu entspannen. Vor allem für Musiker, Künstler, Schauspieler, aber auch für Lehrer, Ärzte und Krankenschwestern ist es oft verblüffend herauszufinden, wie viel Negativität sie in Händen und im Körper gespeichert haben.

Schritt 1: Unsere Kultur legt großen Wert auf Disziplin. Das bedeutet, dass wir früh lernen, uns anzuspannen. Auf diese Weise tragen die meisten von uns eine Menge «Nein» mit sich herum. Wenn wir lernen, uns bewusst zu entspannen, dann können wir dieses, uns oft nicht bewusste, «Nein» auflösen und uns ein neues Gefühl von Freiheit und Freundlichkeit verschaffen.

Schritt 2: Bitte bleib genau so sitzen, wie du gerade sitzt, und bewege dich nicht. Bemerke einfach, wie sich dein Gesicht anfühlt – die kleinen Muskeln; bemerke, wo dein Gesicht angespannt ist... Achte vor allem auf deine Stirn, auf die Muskeln um deine Augen herum, auf deinen Mund und auf deine Kiefermuskeln... Und nun versuche dein Gesicht Schritt für Schritt zu entspannen, deine Zunge, deine Kiefermuskulatur und beide Augen...

Schritt 3: Geh nun mit deiner Aufmerksamkeit zu Händen und Fingern. Wie fühlt sich die Muskulatur dort an? Vielleicht möchtest du deine Hände dadurch entspannen, dass du sie zunächst zur Faust ballst und sie dann loslässt. Mach das ein paar Mal, bis deine Hände gerade so viel Spannkraft haben, dass du sie anmutig bewegen kannst...

Schritt 4: Entspanne nun auch alle anderen Teile deines Körpers, die noch hart oder angespannt sind. Und achte jetzt vor allem darauf, dass du deinen Atem entspannst. Atme einfach ein wenig tiefer ein als üblich; und wenn du ausatmest, dann kannst du mit deinem Atem alle Anspannung aus dir hinausfließen lassen... Versuche, deinen Körper nun auf eigene Faust so locker zu machen, dass du dich behaglich und im Gleichgewicht fühlst.

Schritt 5: Ein kleines Lächeln auf deinem Gesicht kann deine Entspannung noch vertiefen... Versuche, nicht nur mit deinem Mund und deinen Augen zu lächeln. Stell dir vor, dass deine Hände lächeln, und erlaube auch deinem Bauch, in dem Gebiet um deinen Nabel herum, ein Lächeln.
Wenn du dich bewusst entspannst, dann entwickelst du das Empfinden von Weite in deinem Körper. Jetzt ist darin Platz genug für ein herzliches Ja. Du kannst diese Übung immer dann praktizieren, wenn du dich auf eine Aktivität vorbereitest, die du liebst und die du genießen möchtest. Natürlich hilft dir diese Art der Entspannung auch, wenn du dich auf eine schwierige Herausforderung vorbereiten möchtest...

Schritt 6: Auswertung im Plenum:
- Wieweit gelang es mir, meinen Körper zu entspannen?
- Welche Partien meines Körpers verspannen sich unter Stress besonders schnell?
- Was sind klassische Stressauslöser für mich?
- Welche Wörter, Bilder oder Metaphern können mir helfen, eine Verspannung aufzulösen?

Übung 10

Erwartungen

Ziele: Wer zu sehr an seinen Erwartungen hängt, lebt bald in einer Welt von Enttäuschungen. Erwartungen sind ein untauglicher Versuch, uns Sicherheit zu geben.

Zusammenfassung: Der Gruppenleiter gibt eine kurze Einführung in die Problematik von Erwartungen. Dann können die Teilnehmer üben, sich gegen die notwendigen Enttäuschungen zu immunisieren. Sie konzentrieren sich auf ein Liebesobjekt und notieren alle mit ihm verbundenen Erwartungen. Dann stellen sie sich vor, dass eine dieser Erwartungen enttäuscht wird und erleben in der Phantasie die negativen emotionalen Reaktionen. Anschließend schalten sie innerlich um und konzentrieren sich vollständig auf die erfreulichen und attraktiven Seiten dieser Liebesbeziehung. Sie können üben, bewusst zwischen den negativen Gefühlen der Enttäuschung und dem Gefühl von Wertschätzung und Liebe abzuwechseln. Sie können sich an den Gedanken gewöhnen, dass sie selbst über die Art ihrer Reaktionen entscheiden können. Jeder kann weiter lieben, auch wenn er partiell enttäuscht wurde.

Schritt 1: Wenn wir jemanden lieben, dann laufen wir Gefahr, uns vorzustellen, wie sich der Betreffende zu verhalten hat und welchen Anforderungen er genügen muss, damit wir ihn weiter lieben können. Aber die Menschen, die wir lieben, sind nicht auf der Welt, um sich unseren Standards anzupassen. Einige unserer Erwartungen werden immer enttäuscht. Wir haben da zwei Möglichkeiten: Wir können Groll entwickeln und auf der Erfüllung unserer Forderung bestehen – das führt in der Regel zu einem Kampf; oder wir können unerfüllbare Forderungen aufgeben und an unserer Liebe festhalten.

Schritt 2: Such dir irgendein «Liebesobjekt» aus: einen Menschen, ein Tier, eine berufliche Tätigkeit o. Ä. Schreibe alle deine Erwartungen im Blick auf dieses Objekt auf, und zwar sowohl diejenigen, die erfüllt werden, als auch die, die nicht erfüllt werden... (5 Minuten)

Schritt 3: Stell dir vor, dass eine oder mehrere deiner Erwartungen gerade frustriert worden sind. Spüre deine innere Enttäuschung, fühle deinen Ärger und deine verletzten Gefühle, deine Vorwürfe, dein lautstarkes inneres «Nein!» (2 Minuten)
Notiere jetzt den inneren Monolog, der in dieser Situation in deinem Kopf stattfindet. Richte diesen Monolog an dein Liebesobjekt, das dich gerade enttäuscht hat. (5 Minuten)

Schritt 4: Löse dich nun von deiner Enttäuschung. Vielleicht hilft es dir, wenn du dir dabei deine Ohnmacht frank und frei eingestehst: Ich kann niemanden zwingen, nach meinen Spielregeln zu handeln. Es kann ein kleiner Trost für dich sein, dir klarzumachen, dass du selbst ebenfalls wenig begeistert bist, wenn andere dir Vorschriften machen. Konzentriere dich nun ganz bewusst auf die positiven Seiten deines Liebesobjektes. Stell dir vor, wie wunderbar und wie liebenswert der Gegenstand deiner Liebe ist; genieße diese Vorstellung, genieße dein eigenes eindeutiges «Ja» zu dieser Liebesbeziehung... (2 Minuten)
Schreibe jetzt einen neuen inneren Monolog auf und sprich zu deinem Liebesobjekt. Erkläre ohne Einschränkung, wie sehr du es liebst, wie tief es dich inspiriert und wie dankbar du dafür bist, dass es dir begegnet ist... (5 Minuten)

Schritt 5: Und nun wiederhole diesen Vorgang. Wähle eine andere Forderung und stell dir vor, dass sie enttäuscht wird. Tauche möglichst tief ein in deine negativen Gefühle und schreibe sie erneut als inneren Monolog auf. Dann gib deine Forderung auf und kehre zurück zu dem Gefühl von Wertschätzung und Liebe. Mach das ein paar Mal mit immer mehr enttäuschten Erwartungen, bis du das Gefühl hast, dass du über deine emotionale Reaktion eine gewisse Kontrolle gewinnst... (15 Minuten)

Schritt 6: Kommt bitte in Paaren zusammen. Wechselt euch ab, dem Partner zwei innere Monologe vorzutragen, die sich aus einer enttäuschten Erwartung ergeben haben. Zunächst den negativen Monolog und dann den positiven. Stellt euch dabei vor, dass ihr ein Schauspieler seid, der in der Lage ist, beide Monologe mit der gleichen Überzeugung zu sprechen... (15 Minuten)

Schritt 7: Lasst euch noch etwas Zeit, um miteinander über diese Übung zu sprechen:
- Wie leicht gingen dir deine Beschwerden über die Lippen?
- Wie deutlich konntest du den positiven Kern deiner Liebe trotz deiner Enttäuschung neu empfinden?
- Konntest du die Angst spüren, das Objekt deiner Liebe zu verlieren?
- Was würdest der Verlust dieses Liebesobjektes für dich bedeuten? (10 Minuten)

Schritt 8: Auswertung im Plenum:
- Bin ich mir bewusst, welche Enttäuschungen ich selbst anderen zufüge?
- Was gewinne ich aus den unvermeidbaren Enttäuschungen des Lebens?

Übung 11

Lernen

Ziele: In diesem Ritual feiern die Teilnehmer ihre Mentoren, Lehrer und Gurus, all jene Menschen, von denen sie entscheidende Dinge im Leben gelernt haben. Solche Ehrerbietung ist ein gutes Gegengewicht gegen das Gefühl der Frustration, das sich immer dann leicht einstellt, wenn wir glauben, dass das Leben uns etwas vorenthält.
(Dies ist eine besondere Gruppensitzung, die vorher verabredet werden muss. Jeder soll dazu Fotos, Bücher, CDs oder andere Dinge mitbringen, die ihn an jene Menschen erinnern, von denen er entscheidende Impulse für seine persönliche und berufliche Entwicklung erhielt: Lehrer, Denker und Künstler, Mentoren und Sponsoren.)

Zusammenfassung: Die Teilnehmer begehen ein feierliches Ritual zu Ehren jener Menschen, von denen sie für ihre persönliche und berufliche Identität die wichtigsten Anstöße bekommen haben. In der Mitte des Kreises wird eine Decke auf den Boden gelegt und in deren Mitte ein schwerer Leuchter mit einer massiven Kerze gestellt. Die Teilnehmer wechseln sich ab, ihre Memorabilia um diese Kerze herum zu deponieren. Sie berichten dabei, was sie dem jeweiligen Mentor oder Lehrer verdanken, was sie von ihm/ihr gelernt haben. Wenn alle Gegenstände deponiert sind, blasen alle gemeinsam die Kerze aus. Anschließend bleibt die Gruppe noch eine Weile zusammen bei einem kleinen Imbiss mit Wasser oder Wein und informellem Gespräch.

Schritt 1: Der Gruppenleiter eröffnet das Ritual, indem er das Ziel definiert: Wir wollen heute dankbar an die Menschen erinnern, die besonderen Anteil daran haben, wer wir alle in unseren verschiedenen Berufen geworden sind. Ich werde diese Kerze anzünden, damit wir immer vor Augen haben, dass unsere Lehrer und Mentoren ein Licht waren auf unserem Weg, dass sie uns wichtige Einsichten vermittelt haben, dass sie uns inspiriert und uns Mut gemacht haben, dass sie uns persönliche Wärme geschenkt haben und so zu den Ressourcen beigetragen haben, über die jeder von uns heute verfügt. Mit dieser kleinen Feier wollen wir an diese Männer und Frauen erinnern und unterstreichen, dass sie nicht vergessen sind, sondern einen Platz in unserem Herzen haben.

Schritt 2: Und so soll das Ritual ablaufen: In lockerer Folge geht jeweils einer von uns in die Mitte und legt etwas, was er mitgebracht hat und was an den betreffenden Lehrer erinnert, auf den Boden. Dabei erzählt er uns, was er diesem Menschen verdankt und wie sich dessen Investition ausgewirkt hat. Auf diese Weise ehren wir die Menschen, von denen wir etwas Wertvolles bekommen haben, auf welche Weise auch immer, gleichzeitig vergewissern wir uns auch der Ressourcen, die wir mit ihrer Hilfe entwickeln konnten, und wir können uns auch klar werden darüber, welche Verpflichtungen wir mit diesen Geschenken verbinden.

Schritt 3: Wenn alle Mitbringsel deponiert sind und alle Gruppenmitglieder gesprochen haben, beendet der Gruppenleiter den rituellen Teil dieser Feier: Wir wollen uns jetzt zum Abschluss des Rituals erheben und uns noch einmal daran erinnern, dass jeder von uns Menschen gefunden hat, die uns etwas Wertvolles geschenkt haben. Fast immer kamen diese Geschenke überraschend, und wir verdanken sie nicht unseren eigenen Anstrengungen. Ich hoffe, dass es jedem von uns gelingt, dass er genauso verfährt und Jüngeren Inspiration und Ermutigung zuteil werden lassen kann. Wir wollen die Kerze nun gemeinsam ausblasen und noch eine Weile unser Zusammensein genießen.

Übung 12

Ein Mantra finden

Ziele: Ein geschickt ausgewähltes Mantra kann uns inspirieren, es kann unsere innere Widerstandskraft stärken und uns toleranter und liebevoller machen. Es kann eine ausgezeichnete Hilfe in allen Situationen sein, in denen wir Stress erleben.

Zusammenfassung: Die Teilnehmer kommen in Paaren zusammen, um sich bei der Suche nach einem persönlichen Mantra wechselseitig zu unterstützen. Jeder versucht, ein Mantra oder mehrere zu finden, mit denen er in der nächsten Zeit experimentieren will. Die Mantras können dann auf kleine Kärtchen geschrieben werden, die in Brieftasche oder Portemonnaie passen und als eine Art schriftliches Amulett zum täglichen Begleiter werden können. Anschließend werden die Mantras im Plenum vorgestellt.

Schritt 1: Der Gruppenleiter gibt eine kurze theoretische Einführung. Die meisten Menschen lassen sich Tag für Tag von ihren inneren Stimmen hypnotisieren. Manchmal kündigen diese eine Krise an: Wie schrecklich! Das ist ja furchtbar! Manchmal erklären sie einen persönlichen Triumph: Jetzt hab ich dich! Manchmal erklären sie die Kapitulation: Ich hab es ja gewusst!... Niemand liebt mich!... Und dann sind da noch die inneren Stimmen, die feststellen, dass wir uns unpassend verhalten, uns irren oder verantwortunglos handeln, oder die Stimmen, die uns antreiben: Jetzt musst du dies oder das tun. Woher kommen diese inneren Stimmen, die sich nicht selten gegenseitig widersprechen? Wir haben sie meist früh im Leben von anderen Menschen übernommen und wir sollten sie mit Vorsicht genießen. Die Tatsache, dass sie sich in uns melden, heißt nicht, dass sie die Wahrheit sprechen oder nützlich sind. Wir können uns für eine neue selbst gewählte Stimme entscheiden, für ein Mantra eigener Wahl.

Schritt 2: Die Teilnehmer kommen mit einem Partner zusammen, und jeder versucht, ein Mantra oder mehrere für sich zu formulieren. Das

Mantra soll ein Wort oder eine kurze Kombination von Worten sein, die folgende Wirkung haben:
- Stressreduzierung,
- Inspiration,
- innerer Frieden,
- liebevolle Freundlichkeit.

Negativ ausgedrückt, soll das Mantra verhindern, dass ich mich selbst als Opfer empfinde oder andere in die Opferrolle bringe. Dabei kann ein Bezug zu höheren Mächten hergestellt werden; die Mantras können eine archaische Sprache benutzen, sie können sich aber auch der Umgangssprache bedienen.

Der Gruppenleiter gibt den Teilnehmern Beispiele für bewährte Mantras:
- Ich liebe dich.
- Ich bin wach.
- Ich bin friedlich.
- Ja!
- So ist es!
- Das ist mein Weg.
- Wunderbar!
- Ich gebe und bekomme usw.

Wenn ein Teilnehmer ein Mantra für sich in Erwägung zieht, kann er seinen Partner um Feedback bitten. Um ein frisch gefundenes Mantra zu testen, soll jeder/jede sich in der Phantasie in verschiedene anstrengende, frustrierende oder auch schöne Situationen begeben und die Stimme des Mantras hören: Hat das Mantra genug Überzeugungskraft, um mich ins Gleichgewicht zu bringen? Ist das Mantra hilfreich für ein breites Spektrum von Alltagssituationen? (15 Minuten)

Schritt 3: Die Gruppe kommt im Plenum zusammen. Jeder stellt sein Mantra vor und bekommt Feedback von der Gruppe.

Schritt 4: Auswertung:
- Was ist der psychologische Vorteil eines Mantras?
- Was kann ich tun, um die Wirkung meines Mantras zu erhöhen?
- Bin ich mit meinem selbst gefundenen Mantra zufrieden?
- Gibt es irgendeinen Menschen, von dem ich mir gern ein Mantra schenken ließe?

Übung 13

Sich Selbst lieben

Ziele: Hier können sich die Teilnehmer mit Gewohnheiten auseinander setzen, die dazu führen, dass sie sich selbst kritisieren, ablehnen oder sogar verachten. Sie notieren alle Gründe, warum sie sich nicht selbst lieben. Nach dieser kritischen Bestandsaufnahme schreiben sie einen Brief an sich selbst, der das Konzept einer neuen Beziehung zum eigenen Ich enthält.

Zusammenfassung: In Einzelarbeit notieren die Teilnehmer möglichst viele Gründe, die sie möglicherweise davon abhalten, sich selbst zu lieben. Anschließend schreiben sie einen Brief an sich selbst. Dabei versuchen sie, die goldene Regel umzusetzen, die lautet, dass wir uns selbst nicht besser oder schlechter behandeln sollen als die anderen Menschen in unserem Leben.

Schritt 1: Der Gruppenleiter gibt eine kurze Einstimmung: Wir neigen oft dazu, andere besser zu behandeln als uns selbst. Für unsere eigenen Fehler und Schwächen haben wir ein scharfes Urteil; Versäumnisse und Sünden werfen wir uns unerbittlich vor; oft sind wir so streng zu uns, dass wir keinerlei Toleranz aufbringen für unsere zeitraubenden Lernprozesse. Alle großen Religionsstifter kennen diese menschliche Tendenz, und sie haben uns deshalb ausdrücklich aufgefordert, uns selbst so zu lieben, wie wir unseren Nächsten lieben. Um unseren Nächsten zu lieben, müssen wir ihn wahrnehmen, ihm zuhören und mit ihm sprechen, um ihn zu verstehen. Dasselbe gilt auch für uns selbst.

Schritt 2: Bring etwas Verständnis für dich selbst auf und erforsche das Nein, das du immer wieder zu dir selbst sagst. Nimm ein Blatt Papier und schreibe oben auf die Seite die Frage:

Was hält mich davon ab, mich selbst zu lieben?

Lass dir zehn Minuten Zeit und schreibe alle Antworten auf, die dir in den Sinn kommen, auch wenn sie dir unlogisch, widersprüchlich und unvernünftig vorkommen. (10 Minuten)

Schritt 3: Und damit du noch mehr Antworten findest, die das Nein zu dir selbst illustrieren, nimm bitte ein neues Blatt und wähle diesmal die Überschrift:

Ich liebe mich selbst nicht, weil...

Schreib dann alle weiteren Gründe auf, die dir einfallen. (10 Minuten)

Schritt 4: Nun lies dir deine Notizen noch einmal durch und stelle fest, wie viele Bedingungen du in deinem Falle an die Liebe knüpfst, wie viele Standards du aufstellst, die du erreichen musst, wie viele Verdienste du erwerben sollst. Mach dir das klar. Vielleicht bekommst du den Eindruck, dass du dir selbst gegenüber eher wie ein Buchhalter agierst und nicht wie ein Liebender. Kannst du dir vorstellen, dass diese raue Behandlung deine Seele schmerzt? Hast du dir jemals die Zeit genommen, die innere Stimme zu hören, die dir sagt, wie sehr du unter diesem Liebesentzug leidest?
Nimm dir jetzt ein neues Blatt Papier und schreibe einen Brief an dich selbst. Beginne, wie in Briefen üblich, mit dem Datum und einer geläufigen Grußformel:

Liebes Selbst...

Dann schreib deinen Brief so offen und so ehrlich, wie es dir möglich ist. Stell dir vor, du schreibst an deinen ältesten Freund und hast den Wunsch, die Beziehung zu ihm zu verbessern. In diesem Brief kannst du alles aussprechen, was du möchtest – Fragen, Gedanken und Gefühle, Probleme, Krisen und anstehende Entscheidungen, Pläne und Hoffnungen. Vergiss nicht über die Rolle zu sprechen, die du der Liebe in deinem Leben geben möchtest. Möchtest du, dass die Liebe mehr Raum bekommt in deiner Existenz? Wie kannst du es anfangen, dich selbst mehr zu lieben? Auf welche Weise würden die anderen Menschen in deinem Leben davon ebenfalls profitieren? Wenn du alles gesagt hast, was du in diesem Augenblick sagen kannst, dann unterschreibe mit deinem Namen und mit irgendeiner passenden Schlussformel. Du musst diesen Brief niemandem zeigen; er ist dein privates Eigentum. (20 Minuten)

Schritt 5: Und nun komm mit einem Partner zusammen und sprich mit ihm über diese Übung:
- Wie habe ich mich bei den verschiedenen Aufgaben gefühlt?
- Habe ich das Empfinden, dass die Beziehung zu mir selbst lebendiger geworden ist?
- Wie kann ich die Beziehung zu mir selbst lebendig erhalten? Brauche ich mehr Einsamkeit? Mehr Kontakt mit der Natur? Mehr Ausdrucksmöglichkeit für meine kreative Seite? (15 Minuten)

Übung 14

Woran möchtest du glauben?

Ziele: Hier können sich die Teilnehmer mit ihren tiefsten Überzeugungen auseinandersetzen. Sie können versuchen, ihre zentralen Wertvorstellungen zu entdecken und zu formulieren. Unsere Wertvorstellungen haben oft hypnotische Kraft in der Art von sich selbst erfüllenden Prophezeiungen.

Zusammenfassung: Der Gruppenleiter gibt eine kurze Einführung in das Thema. Anschließend schreiben die Teilnehmer zwei Briefe – einen an ihren Großvater und einen an einen vorhandenen oder fiktiven Enkel. Diese weite Zeitperspektive legt den Gedanken nahe, dass unsere Überzeugungen nicht nur für uns selbst wichtig sind, sondern auch für die Generationen, die nach uns kommen. Das, woran wir glauben, prägt die Welt.

Schritt 1: Geben Sie eine kurze Einführung, am besten anhand bekannter Persönlichkeiten. Woran glaubte Buddha? Woran glaubte Jesus Christus? Woran glaubte Abraham? Woran glaubten Mutter Theresa, Martin Luther King, Albert Schweitzer, Stalin, Gandhi, Adolf Hitler, Frederic Perls und Carl Rogers? – Als Kinder übernehmen wir normalerweise zunächst die Wertvorstellungen unserer Familie; als Erwachsene können wir uns frei entscheiden, woran wir glauben wollen. Unsere Überzeugungen prägen unser Schicksal und das Schicksal der Menschen, die nach uns kommen. Woran wir glauben wollen, entscheiden wir weniger mit dem Kopf als mit dem Herzen.

Schritt 2: Das, woran wir glauben, soll uns für gewöhnlich Antwort geben auf unsere wichtigsten Fragen:
- Wie kann ich glücklich werden?
- Wie kann ich meinen schlimmsten Befürchtungen entkommen?
- Was lindert meinen Kummer?
- Wie kann ich der Welt oder Gott vertrauen?
- Was gibt meinem Leben einen Sinn?

- Was gibt mir Hoffnung für die Zukunft?
- Was gibt mir genug Liebe für meine Familie, meine Freunde und andere Menschen?
- Was nimmt mir die Angst vor dem Tod?
- Welche Aufgabe habe ich in dieser Welt?

Nimm dir ein Blatt Papier und schreibe einen Brief an einen deiner Großväter. Erzähle ihm kurz von deinem Leben und berichte ihm, woran du glauben möchtest. Berichte auch von deinen Zweifeln, von deiner Unsicherheit und von deiner Sehnsucht, an etwas zu glauben, was dich mit anderen Menschen, die dir wichtig sind, verbindet. Bemühe dich, so zu schreiben, dass dein Großvater dich versteht. (15 Minuten)

Schritt 3: Nun schreibe einen zweiten Brief an eines deiner Enkelkinder. Und wenn du noch keine Enkel hast, dann stell dir vor, du hättest eines. Dieser Brief ist für den Tag bestimmt, an dem der Enkel/die Enkelin 21 Jahre alt wird. Schreibe aus der Perspektive eines alten Menschen, der auf das eigene Leben zurückblickt. Beschreibe für dein Enkelkind, zu welchem Glauben du schließlich gefunden hast und was dein Vermächtnis für ihn/sie ist. (15 Minuten)

Schritt 4: Die Teilnehmer kommen in Trios zusammen und sprechen darüber, welche Erfahrungen sie mit diesen beiden Aufgaben gemacht haben. Anschließend lesen sie sich ihre Briefe vor. (30 Minuten)

Schritt 5: Auswertung im Plenum:
- Welcher Brief ist dir leichter gefallen?
- Hast du etwas Verständnis für deinen Großvater entwickeln können?
- Hast du Liebe für deinen Enkel empfunden?
- Welche Rolle spielt die Liebe bei deiner Suche nach Sinn?
- Wie hast du dich bei dieser Übung gefühlt?
- Welche Fragen wurden für dich aufgeworfen?

Übung 15

Wir brauchen das Unbekannte

Ziele: Wir möchten die Neugier der Teilnehmer anregen und auf die Fährte des Unbekannten setzen. Das Unbekannte kann Ehrfurcht und Staunen auslösen und ist damit eine Quelle der Liebe. Wir können jede Beziehung verbessern, wenn wir den anderen als lebendiges Geheimnis respektieren.

Zusammenfassung: Der Gruppenleiter beginnt mit einer Würdigung des Unbekannten und Rätselhaften, dann wandern die Teilnehmer kreuz und quer durch den Raum. Wenn sie anderen begegnen, versuchen sie, alles zu vergessen, was sie über die anderen Gruppenmitglieder zu wissen glauben; stattdessen betrachten sie jeden als Mysterium, als Verkörperung des Unbekannten. Dabei werden vielfältige Fragen aufgeworfen. Diese werden beim Herumwandern kurz notiert und gesammelt. Dieser Teil der Übung ist nonverbal.
Anschließend Plenum: Die notierten Fragen werden vorgelesen, sie sollen jedoch nicht beantwortet werden.

Schritt 1: Der Gruppenleiter bricht eine Lanze für das Unbekannte: Nur 16-jährige und Tyrannen glauben, alles zu durchschauen. Es ist ein Merkmal des Erwachsenseins zu wissen, dass wir vieles nicht wissen. Der Erwachsene schätzt auch die unerklärlichen Aspekte des Lebens – Träume, Intuition, das Unbewusste. Sie können uns Orientierung geben, vielleicht gerade, weil wir nie genau verstehen werden, wie sie funktionieren. In Beziehungen ist das Unbekannte die Quelle für anhaltende Attraktivität. Manchmal ist das Unbekannte das beste Synonym für das Göttliche.

Schritt 2: Die Teilnehmer stellen ihre Stühle an den Rand und beginnen, im Raum herumzuwandern. Ein bis zwei Minuten hat jeder Zeit, sich zu «erden», zu spüren, wie sich der eigene Körper anfühlt, den eigenen Atemrhythmus an das Gehen anzupassen... Jeder hat ein paar Kärtchen und einen Bleistift dabei.

Schritt 3: Beim Herumwandern wird nicht gesprochen. Wenn zwei Teilnehmer sich begegnen, bleiben sie kurz voreinander stehen und versuchen, einander als lebendiges Geheimnis, als Mysterium, als Beispiel des Unbekannten zu betrachten. Jeder versucht das, was er über den anderen weiß, beiseite zu lassen, sodass ganz neue Fragen aufkommen können. Einige dieser Fragen sind prinzipiell beantwortbar, andere wieder nicht. Einige Fragen hängen mit der Person zusammen, der ich begegne, andere Fragen können mit mir zusammenhängen, mit der Beziehung, der Menschheit, mit dem Schicksal von Männern und Frauen, mit Reinkarnation, mit Hölle oder Paradies usw. Immer wenn mir eine neue Frage in den Sinn kommt, notiere ich diese kurz auf ein Kärtchen (anonym). Dabei mache ich nicht den Versuch, eine Antwort darauf zu finden. Nicht jede Frage muss sinnvoll oder beantwortbar sein. Jeder versucht zu empfinden, wie sich seine Stimmung durch die entstehende Kette von Fragen entwickelt. (10 Minuten)

Schritt 4: Die Teilnehmer kehren an ihre Plätze zurück. Die Kärtchen werden in der Mitte auf einem Stapel zusammengelegt, um nach und nach vorgelesen zu werden. Immer ein Teilnehmer nimmt ein Kärtchen auf, liest die Frage vor und gibt einen ganz kurzen Kommentar dazu ab. Die Fragen sollen keinesfalls beantwortet werden. Die Funktion dieser Runde besteht darin, das Neugierpotenzial bzw. die Tiefe des unbekannten psychischen Raumes auszuloten, in dem sich die Gruppe bewegt.

Schritt 5: Auswertung im Plenum:
- Wie hat mir das Experiment gefallen?
- Welche Gefühle konnte ich bei mir feststellen?
- Was hat mich erstaunt?
- Wieweit bin ich im Alltag bereit, meine Interaktionspartner als lebendiges Geheimnis zu betrachten?
- Was geschieht in einer Beziehung, wo die Partner davon überzeugt sind, alles übereinander zu wissen?
  Was bedeutet diese Übung für Teilnehmer aus den helfenden Berufen?

Übung 16

Eine positive Vision der Zukunft

Ziele: Wir leiten die Teilnehmer an, in die Zukunft zu sehen – zehn, fünfzig, hundert Jahre voraus. Sie können mit positiven und negativen Entwicklungen rechnen. Was sehen sie, wenn sie auf die kollektive Weisheit der Menschen vertrauen?

Zusammenfassung: Wir beginnen mit einer kurzen Zukunftsphantasie. Dann werden die Teilnehmer aufgefordert, ihre positiven Erwartungen an die Zukunft aufzuschreiben. Anschließend liest der Gruppenleiter die Texte vor, und die Teilnehmer können raten, wer die gerade vorgetragene Zukunftsvision verfasst hat.

Schritt 1: Wir alle brauchen eine positive Vision der Zukunft. Ohne einen solchen Traum, der Hoffnung und Optimismus ausdrückt, verhalten wir uns viel defensiver und egoistischer. Alles, was wir jetzt haben, verdanken wir den Anstrengungen der Generationen vor uns; und die Generationen, die nach uns kommen, werden eine Welt vorfinden, die wir geprägt haben. Es ist wichtig, dass wir die Welt sorgsam und verantwortungsvoll gestalten. Von Zeit zu Zeit sollten wir über den Traum, den wir für die Welt haben, nachdenken.

Schritt 2: Bitte setz dich bequem hin und schließ die Augen. Gib deinem Körper die Erlaubnis, sich zu entspannen, und richte deine Aufmerksamkeit zunächst auf deinen Atem. Bemerke einfach, wie du atmest... Vielleicht stellst du fest, dass deine Art zu atmen sich ganz von selbst etwas ändert, ohne dass du dich dabei anstrengen musst... Und nun stell dir vor, du liegst nachts im Bett und träumst; und es handelt sich um einen prophetischen Traum, der dir Bilder von der Zukunft zeigt. Du kannst dir wünschen, wie viele Jahre du in die Zukunft schauen möchtest, vielleicht 10 Jahre, vielleicht 50 Jahre, vielleicht 100 Jahre. Lass Bilder in dir entstehen, die dir zeigen, wie die Menschen dann leben, in welchem Zustand die Erde ist, wie die Güter der Welt dann verteilt sind, wie die Völker ihre Konflikte regeln

und wieweit die großen Probleme dann vielleicht gelöst sind: Hunger, Krankheit, Armut und Arbeitslosigkeit. Du kannst in deinem Traum die Länder im alten Europa aufsuchen, aber du kannst auch die Entwicklungsländer anschauen, du kannst in die großen Städte gehen, du kannst aufs Land gehen... Vielleicht willst du dir auch anschauen, wo es noch unberührte Natur gibt... Wenn du schlechte Zustände siehst, dann kannst du anerkennen, dass es weiterhin große Risiken und Gefahren gibt, aber vielleicht möchtest du auch damit rechnen, dass die Menschen genügend Weisheit, guten Willen und Erfindungsgabe haben, um die Erde und das Leben zu schützen. Vielleicht wirst du dann positive Bilder sehen, die dich dazu inspirieren, deine eigenen Kräfte für eine bessere Zukunft einzusetzen. Lass dir Zeit, die Bilder in deinem Traum zu betrachten, und bemerke, welche Empfindungen deine Visionen in dir auslösen... (5 Minuten)
Löse dich nun von deinem Zukunftstraum. Lass die Bilder verblassen und bewahre in deiner Erinnerung alles auf, was für dich wertvoll ist. Reck und streck dich ein wenig und atme einmal tief aus, ehe du deine Augen öffnest und wieder hier bist, erfrischt und wach.

Schritt 3: Nimm nun bitte ein Blatt Papier. Gib dem Blatt die Überschrift: «Ich habe einen Traum...» Schreibe alle deine Hoffnungen auf, die du für die Erde und die Welt hast und für die Generationen, die nach uns kommen. Und vielleicht lässt du in deine Beschreibung auch einfließen, an welcher Stelle und auf welche Weise du mit deiner eigenen Lebenskraft dazu beiträgst, dass die Erde ein Planet der Liebe werden kann. (Bitten Sie die Teilnehmer, ihre Texte anonym abzufassen; 15 Minuten)

Schritt 4: Der Gruppenleiter sammelt die Papiere ein und liest die Texte nacheinander vor. Nach jedem Text soll die Gruppe raten, wer der Autor ist.

Schritt 5: Auswertung:
- Für wie optimistisch halte ich mich selbst?
- Welcher Text hat mich positiv beeindruckt?
- Was hilft mir, meine Hoffnungen für die Zukunft wachzuhalten?
- Bei welchen Gelegenheiten versuche ich bewusst, am Haus der Zukunft zu bauen?